JN260203

自治体財政
はやわかり

——予算・決算、バランスシートから行政評価の作成まで——

明海大学教授
兼村　高文
明治大学助教授
星野　泉

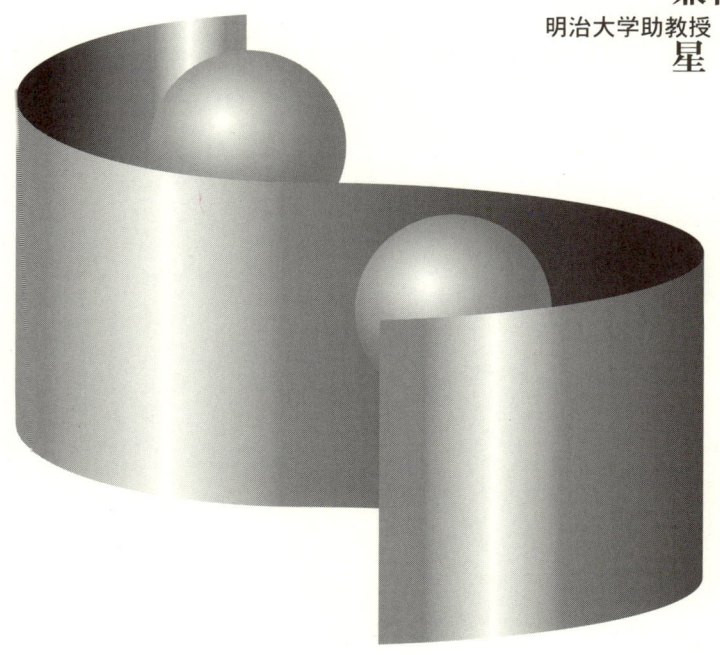

イマジン出版

はじめに

　国も地方も台所は火の車と報じられている。たしかに、国と地方を合わせた借金は国内総生産の1.3倍にまで膨れ、東京都をはじめ大きな自治体でも"財政危機宣言"を出して台所の窮状を訴えている。日本経済は新しい世紀に入っても景気は足踏み状態にあり、窮状の改善は早急には望めそうもない。それどころか、少子化と高齢化はその歩みを早め、福祉・年金・医療の社会保障支出を年々膨らませ、財政はますます悪化の一途を辿っている。

　こうした現状に対して、政府は、行財政改革を進めながら徐々にではあるが財政再建を目指している。国の改革では、平成13年1月6日から1府12省の中央省庁がスタートした。また同年4月からは、行政評価制度が導入され、政策の有効性がチェックされることになっている。そのほか、国立大学等の独立行政法人化、財政投融資制度の改革、特殊法人の見直し、さらには2年後の郵政3事業（郵便、郵便貯金、簡易保険）の公社化など、行財政制度が大きく変わろうとしている。

　一方、地方の改革でも、平成12年4月に施行されたいわゆる地方分権一括法によって、明治期以来の機関委任事務制度が廃止され、自治体の仕事は原則自治事務となった。また計画的な行政改革を推進するために、旧自治省の通達等により、行革計画の策定、さらに三重県、宮城県、藤沢市、臼杵市など先進自治体による、行政評価の自主的な取り組みが行われてきた。

　しかし、個々の財政事情は一向に改善しないばかりか、財政力の弱い自治体ほど厳しくなってきている。わが国の地方財政は、その財源を国に大きく依存し、自主的に調達できる財源は極めて限られている。ところが、行政サービスについては、包

はじめに

括的に権限が与えられているため、他の法律に抵触しない限り何でもできる。住民サービスは無限に広がる。しかも、地方分権で国から財源手当のないまま仕事が責任とともに下されてきた。地方財政は、ますます困窮するばかりである。

　こうした自治体財政の現状を把握するためには、これまでの動向を踏まえながら、まず地方財政の仕組みを理解しておくことが必要である。政府の財政活動は、すべて法令によって定められているので、制度をよく理解しておかなければ、地方財政の問題は解くことができない。とくに財政活動は、予算によって決められているので、予算の仕組みを理解することが重要である。また、その結果を表す決算も、どのように使われたかを知るためにその仕組みを理解しておく必要がある。そして、最近の新たな展開として、財政の動向をスリム化し、効率化して、住民にもそのことを説明するための取組みが進められている。とくにバランスシートや行政評価については、これからの地方行財政を理解する上で不可欠である。

　本書は、自治体の職員、議員、住民、学生、社会人などを対象に、地方財政をとりまく環境と自治体財政の仕組み、そして最近の動きなどについて、事例を交えてできるだけ平易に読みやすいように書かれている。本書が利用される読者にとって、少しでも自治体財政の理解の一助になれば幸いである。

　　　平成13年5月　　　　　　　　　　　　著　　者

目　次

はじめに ……………………………………………………………… 3

[基礎知識編]

Ⅰ　自治体財政の現状と動向の読み方 ……………………………10
1　地域経済社会の動き ……………………………………………10
1-1　二極化する地域経済と地方財政 ……………………………10
1-2　加速化する少子高齢社会と政府の役割 ……………………13
2　地方財政の現状と行政改革の動向 ……………………………15
2-1　地方財政危機の中身―膨らんだ借金― ……………………15
2-2　行政改革の動向―イギリスに学ぶ行財政改革― …………18
3　地方制度改革の動き ……………………………………………23
3-1　地方分権と自治体財政 ………………………………………23
3-2　市町村合併と地方財政 ………………………………………28

Ⅱ　自治体予算の読み方 ………………………………………………33
1　予算の仕組み ……………………………………………………33
1-1　国の予算と地方の予算 ………………………………………33
1-2　予算の種類 ……………………………………………………35
1-3　予算の内容と過程 ……………………………………………38
2　予算の考え方 ……………………………………………………43
2-1　予算の原則 ……………………………………………………43
2-2　予算と財政民主主義 …………………………………………46
3　現行予算の問題と予算改革の動向 ……………………………47
3-1　わが国の予算問題と改善方策 ………………………………47
3-2　成果主義予算　―イギリスの資源予算― …………………49

Ⅲ　自治体決算の読み方 ………………………………………………53
1　決算書の仕組み …………………………………………………53

1-1　決算の手続き ……………………………………53
　　1-2　決算書の内容 ……………………………………56
　2　決算と会計区分 ………………………………………59
　　2-1　会計区分と決算書類 ……………………………59
　　2-2　会計の仕組み ……………………………………62

[応用編]

Ⅰ　自治体の財政診断 …………………………………………66
　1　決算統計の読み方 ……………………………………66
　　1-1　決算統計とは ……………………………………66
　　1-2　決算統計の内容 …………………………………68
　　1-3　財政診断のための指数等の知識 ………………70
　2　財政診断の試み ………………………………………78
　　2-1　決算統計の具体例 ………………………………78
　　2-2　A町の財政診断 …………………………………80
　　2-3　類似団体との比較診断 …………………………87

Ⅱ　バランスシートの読み方と作り方 ………………………90
　1　バランスシートの読み方 ……………………………90
　　1-1　バランスシートの意味 …………………………90
　　1-2　自治体のバランスシートの考え方 ……………92
　　1-3　自治体のバランスシートの読み方 ……………96
　2　バランスシートの作り方 ……………………………99
　　2-1　総務省のバランスシート作成マニュアル ……99

Ⅲ　行政評価の考え方と作り方 ………………………………103
　1　行政評価の考え方 ……………………………………103
　　1-1　行政評価とは ……………………………………103
　　1-2　行政評価の目的 …………………………………105
　2　行政評価の手続き ……………………………………108

2-1　行政評価の作成手続き ………………………… 108
　　2-2　行政評価の事例 ……………………………… 112
　3　自治体の格付けの試み ……………………………… 116
　　3-1　地方債格付け ………………………………… 116
　　3-2　自治体の総合格付けの試み …………………… 119

［事例編］

Ⅰ　政令指定都市財政の読み方 ……………………………… 124
　1　政令指定都市とは ……………………………………… 124
　2　人口規模と財政収入 …………………………………… 126
　3　政令指定都市の歳出状況 ……………………………… 128

Ⅱ　都市財政の読み方——渋川市の財政 …………………… 130
　1　歳入と歳出から ………………………………………… 130
　2　地方債による事業展開とその借入れ先 ……………… 132

Ⅲ　臨海の町——熊本県田浦町の財政 ……………………… 136
　1　田浦町の現状 …………………………………………… 136
　2　田浦町の財源確保の可能性 …………………………… 139

Ⅳ　過疎からの脱出——山梨県忍野村 ……………………… 141
　1　1980年代の忍野村 ……………………………………… 141
　2　忍野村財政の変貌 ……………………………………… 143
　3　過疎地域企業誘致の課題 ……………………………… 146

［資料編］

　1　地方分権推進計画（抜粋） …………………………… 150
　2　地方公共団体の総合的な財政分析に関する調査研究会報告書 … 157
　3　地方公共団体に行政評価を円滑に導入するための進め方 …… 199

索　引 ……………………………………………………………… 249

基礎知識編

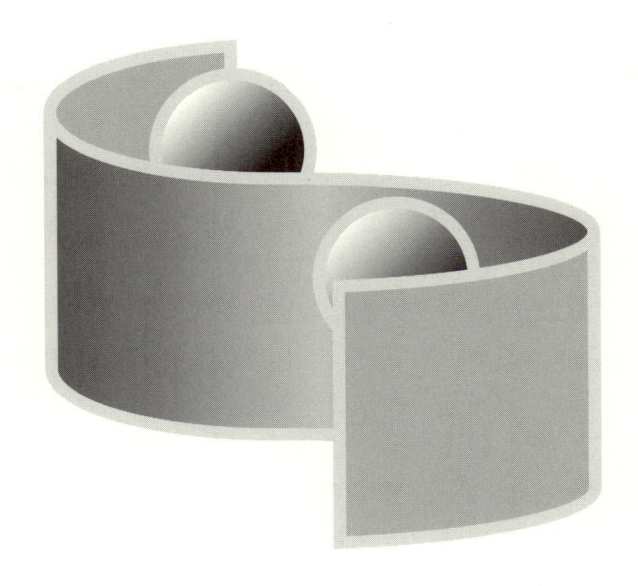

Ⅰ　自治体財政の現状と動向の読み方

1　地域経済社会の動き

1-1　二極化する地域経済と地方財政

　　わが国は戦後、世界に類を見ないほどの高度経済成長を成し遂げてきた。この時期の高度成長が今日の先進国という地位を築いてきたのであるが、その代償の一つとして"過疎過密"を発生させてきた。次頁の図は、過疎地域の人口減少率の推移を見たものである。過疎地域の人口減少率は、昭和の終わりにかけて低下し一旦は解消に向かったが、平成に入り増加に転じている。いま再び、過疎地域の人口流出がじわじわと地域経済を蝕み始めているのである。

　　バブル崩壊後、日本経済は不良債権という重しをなお引きずり活力を失っている。しかも自由化，国際化が急速に進み、それへの備えが整わないうちに規制緩和やグローバルスタンダード（世界標準）が世界から突きつけられてきた。国際経済で競争していくためには、止むをえないだろうが、それにしても性急な自由化、国際化が押し寄せている。これまで地域経済は、こうした国際経済との関わりは少なく、日本特有の系列化や商慣習によって守られてきた。しかし、ここ数年の外国企業の進出は、地域経済も容赦なく"効率化"という市場ルールに従わされている。過疎の進んだ地域経済の地盤沈下は、いよいよ深刻である。一方、過密都市の経済は、効率化がコスト削減を進め徐々に企業収益の改善を図っている。停滞経済では、大都市にヒト・モノ・カネが移動し、集積のメリットを享受しようとするから、いよいよ過密化が進行する。東京への一極集中は再び始まっている。

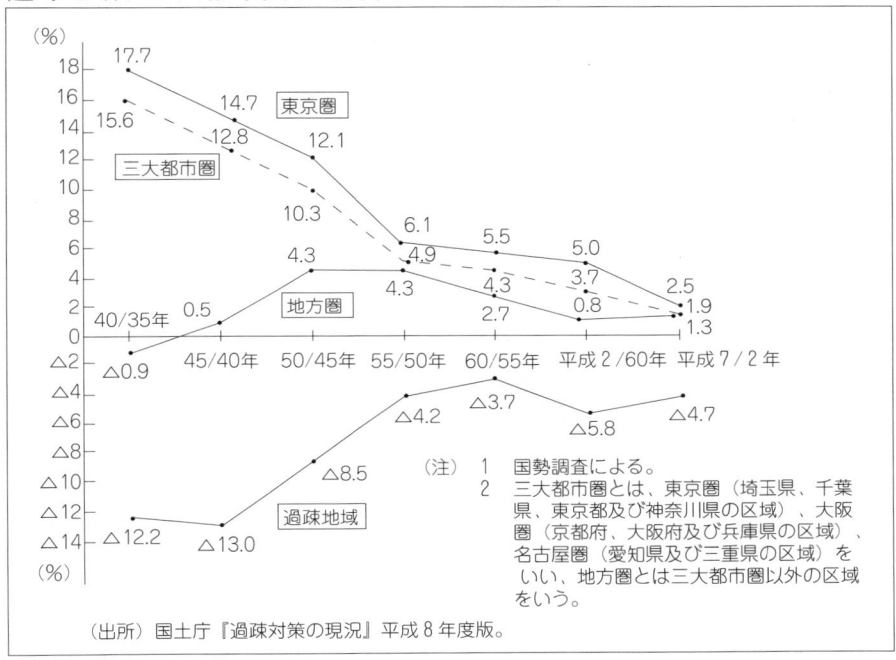

過疎地域、三大都市圏、地方圏の人口増減率の推移

グラフデータ:

東京圏: 40/35年 17.7, 45/40年 14.7, 50/45年 12.1, 55/50年 6.1, 60/55年 5.5, 平成2/60年 5.0, 平成7/2年 2.5

三大都市圏: 40/35年 15.6, 45/40年 12.8, 50/45年 10.3, 55/50年 4.9, 60/55年 4.3, 平成2/60年 3.7, 平成7/2年 1.9

地方圏: 40/35年 △0.9, 45/40年 0.5, 50/45年 4.3, 55/50年 4.3, 60/55年 2.7, 平成2/60年 0.8, 平成7/2年 1.3

過疎地域: 40/35年 △12.2, 45/40年 △13.0, 50/45年 △8.5, 55/50年 △4.2, 60/55年 △3.7, 平成2/60年 △5.8, 平成7/2年 △4.7

(注) 1　国勢調査による。
　　 2　三大都市圏とは、東京圏（埼玉県、千葉県、東京都及び神奈川県の区域）、大阪圏（京都府、大阪府及び兵庫県の区域）、名古屋圏（愛知県及び三重県の区域）をいい、地方圏とは三大都市圏以外の区域をいう。

（出所）国土庁『過疎対策の現況』平成8年度版。

　地域経済の不均衡を改善させるのは、政府の役割である。過疎過密は二重の負担を政府にもたらす。過疎地域の振興や過密都市の混雑整備は、地域の均等発展があれば不要の行政サービスである。しかし、過疎地域にとって補助金による公共事業は唯一救いの手である。次頁の下図を見てみよう。過疎地域が多い自治体（道府県）ほど、県民支出に占める政府支出の割合が高い。国からの補助金（地方交付税）は、地方税収が少ない自治体ほど多く配分される仕組みになっている。この傾向は年々拡大している。過疎地域の地盤沈下が進むにつれて地方税収入は減るため、地方交付税は自動的に増えるのである。

　しかし、国が地方の面倒を見る仕組みは変わりつつある。国からの地方交付税の財源は、交付税特別会計をとおして配分されるが、ここも借金でパンク寸前である。もはや地方税収が減

っても地方交付税は増やしようがない。一方、自治体の仕事は、公務員が削減されるなかで行政サービスの改善が求められ、地方分権一括法が施行されて責任と事務量は増えるばかりである。

地方財政を取り巻く環境は、いよいよ厳しくなっている。国も地方も今後ますます創意工夫による財政運営が求められている。

地域経済と地方財政依存度（1994年度）

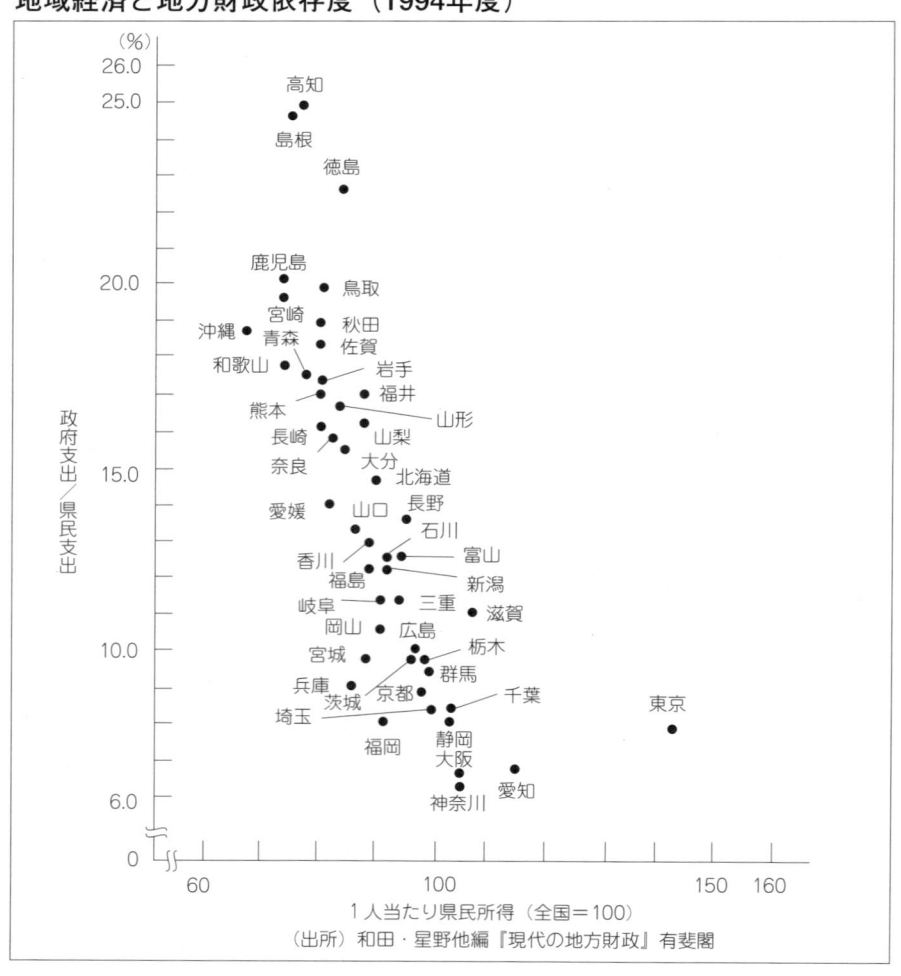

縦軸：政府支出／県民支出 (%)
横軸：1人当たり県民所得（全国＝100）

（出所）和田・星野他編『現代の地方財政』有斐閣

1-2　加速化する少子高齢社会と政府の役割

　　国連の基準によると、「高齢化社会」とは老齢人口比率（全人口に占める65歳以上の人の割合）が7％を超えた社会を言い、14％を超えると「高齢社会」と呼んでいる。日本が「高齢化社会」となったのは昭和45年である。そして、「高齢社会」を迎えたのは平成7年である。老齢人口比率は平成12年で17％に達している。平成27（2015）年には25％を超えると予測されており、このとき世界一老齢人口比率の高い国になる。人間が長生きできる社会は歓迎されることであるが、この高齢社会をどのようにみんなで支えていくかが問われているのである。

　　高齢社会はどの国でも迎えるわけであるが、日本で問題となるのは、そのスピードの速さにある。「高齢化社会」から「高齢社会」に至るまでの所要年数は、日本は25年である。これに対して最も速いイギリスでも45年、アメリカは70年、フランスでは130年も要している。高齢化のスピードが速ければ、それだけ対応も急がなければならない。日本の年金・医療・福祉の問題は、このスピードの速さが大きな原因である。

　　一方、少子化の進行も歯止めがかからない。現在の人口を維持するためには合計特殊出生率（一人の女性が15歳から49歳までに生む子供の数）は2.02以上が必要であるが、日本は昭和40年代後半にこの値を下回ってそれ以来、低下しつづけてきた。そして平成12年にはイタリアに次いで低い1.34まで低下した。将来人口は、確実に減少する。図に見られるように、あと10年すると人口は減少に転じ、今世紀半ば頃には1億人を割ると見込まれている。

　　まだまだ加速する少子高齢社会に向けて、政府はどう対応すればよいのであろうか。すでに年金制度改革や高齢者医療制度

の見直しなどを進めているが、政府が負うことのできるサービスも限界に近づいている。

　欧米で高齢社会を支えてきたのは、ボランティアの活動である。日本も平成11年にNPO法を制定し、ボランティアの活動を認知して体制を整えた。今後、自治体にとって高齢者の福祉サービスはますますウェットを増すが、そこではボランティアの支援なしには担えない。自治体はすべてを受け持つのではなく、コーディネーターとなって、住民の協力をえながら少子高齢社会に立ち向かうことが必要であろう。

高齢化の推移と将来推計（1950～2050年）

資料：1995年までは総務庁統計局「国勢調査」、2000年以降は国立社会保障・人口問題研究所「日本の将来推計人口（平成9年1月推計）」

（注）1955年の沖縄は70歳以上人口23,328人を前後の年次の70歳以上人口に占める75歳以上人口の割合を基に70～74歳人口と75歳以上人口に按分した。

（出所）厚生省『厚生白書』平成12年度。

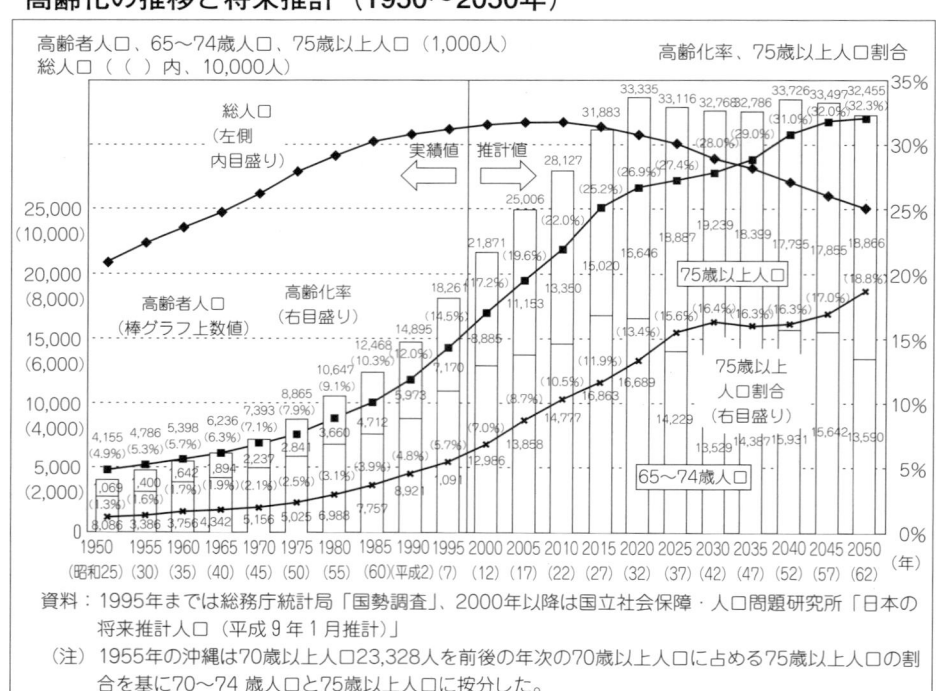

2 地方財政の現状と行政改革の動向

2-1 地方財政危機の中身—膨らんだ借金—

　国も地方も財政危機が叫ばれて久しい。景気対策で借金をしながら公共事業を継続してきたが、一向に景気は改善せず、税収は落ち込んだままで財政赤字は拡大し続けてきた。景気対策は、国と地方が一体となって行う必要があり、地方も地方債を発行して借金を背負ってきた。

　地方財政全体の借入金残高の推移は、平成年代に入って借入金残高を急速に膨らませてきた。平成12年度末でみると、普通会計（応用編のⅠを参照）で借入れた地方債残高と、水道事業や運輸事業など公営企業会計で借入れた地方債残高に、地方交付税特別会計で借入れて地方財政が返済すべき借入金残高を合計した金額は、184兆円に達している。これは国内総生産（GDP）の37％に相当する。地方財政全体の予算規模（地方財政計画）が約90兆円であるから、その2倍の規模が借金として積み上がっていることになる。

　公債の残高は、国債を含めるとGDPを上回る規模に達している。もちろん先進諸国のなかで最悪である。この状況をみて財政危機というのであるが、これまでのところ、幸いにも金融市場に大きな影響は与えていない。しかし、今後の予算において、借金の返済である公債費の増加が他の政策的経費を圧迫し、必要な行政サービスが徐々に削減されてくる恐れがある。そうなったときが、まさに危機なのである。道路や橋の補修が滞り、福祉や教育サービスの水準を低下させざるをえない状況となる。もちろん、増税してその分を賄うことは可能であるが、過去の借金のために税金が増えるのであれば、国民は納得しないであろう。ここに、徹底的な行政改革と規制緩和を断行し、政

府の無駄の排除と民間の公正な競争環境を整えなければならない理由がある。

わが国の地方自治体は、自治体といっても財政的な自治はほとんどなく、財源は国に大きく依存している。したがって、自治体が自らの力で財政危機を乗り越えることは制度的に不可能である。地方分権が議論されているとき、自治体関係者等の間では、国から地方へ税源移譲が叫ばれた。しかし、国と地方の税源配分はそのままであった。

現在、国と地方の税収の配分は3対2の割合であるのに対し、支出でみると1対2の割合である。この収入と支出の差は、地方交付税等の補助金によって埋められている。もちろん、ここに国の政策がつけ加えられ、自治体の自由な財政活動が妨げられている場合もある。近年、地方の行政サービスは、地域の特性を反映した需要が多くなっている。財政的な自治を保障するような、国税と地方税の税源配分が必要なときになっている。

国・地方間の税財源配分（平成10年度）

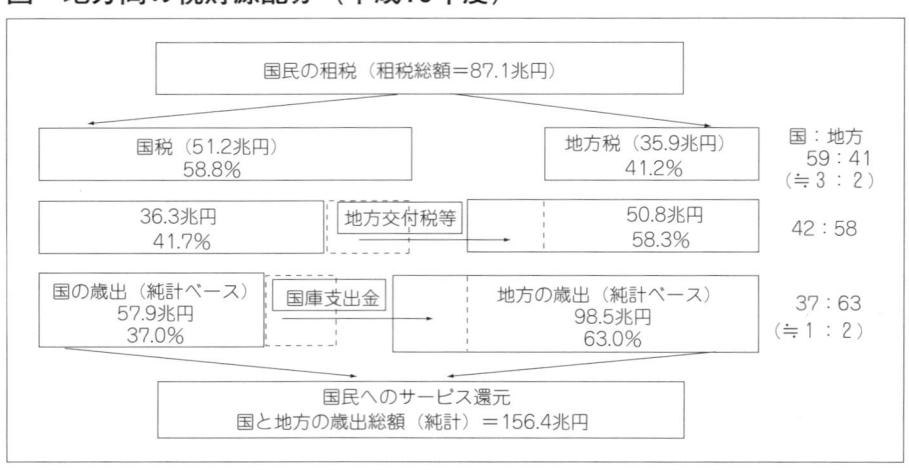

```
             国民の租税（租税総額＝87.1兆円）
            ↙                              ↘
    国税（51.2兆円）              地方税（35.9兆円）        国：地方
       58.8%                          41.2%              59：41
                                                        (≒3：2)

    36.3兆円      地方交付税等        50.8兆円
     41.7%                            58.3%              42：58

  国の歳出（純計ベース） 国庫支出金  地方の歳出（純計ベース）
      57.9兆円                          98.5兆円          37：63
       37.0%                            63.0%            (≒1：2)
            ↘                              ↙
             国民へのサービス還元
      国と地方の歳出総額（純計）＝156.4兆円
```

「基礎知識編」Ⅰ　自治体財政の現状と動向の読み方

地方財政の借入金残高の推移

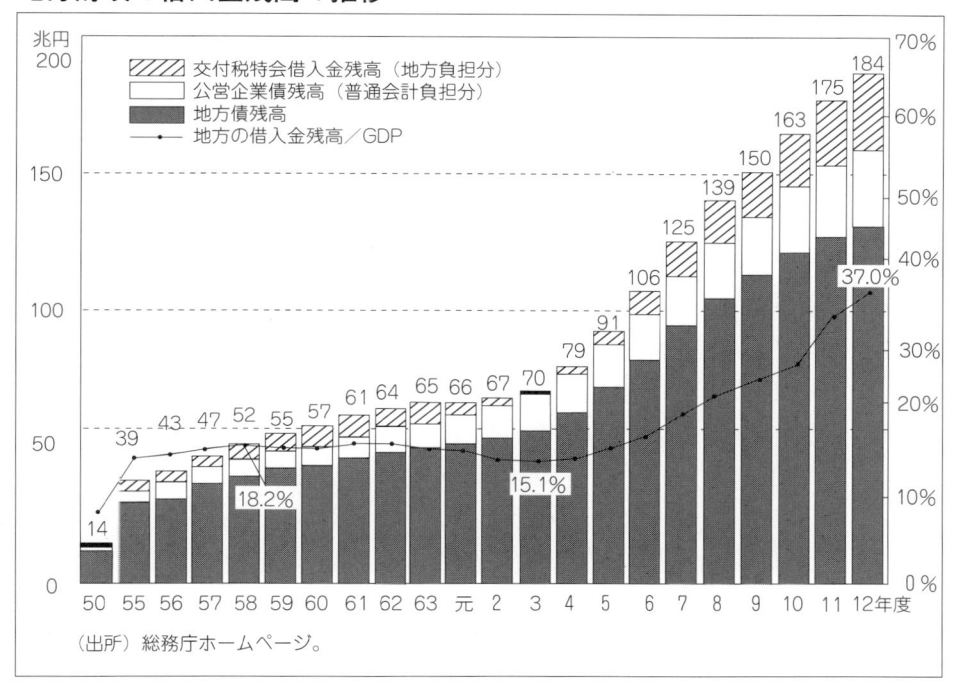

年度	50	55	56	57	58	59	60	61	62	63	元	2	3	4	5	6	7	8	9	10	11	12
残高合計（兆円）	14	39	43	47	52	55	57	61	64	65	66	67	70	79	91	106	125	139	150	163	175	184

凡例：
- 交付税特会借入金残高（地方負担分）
- 公営企業債残高（普通会計負担分）
- 地方債残高
- 地方の借入金残高／GDP

地方の借入金残高／GDP：18.2%（58年度）、15.1%（3年度）、37.0%（12年度）

（出所）総務庁ホームページ。

2-2　行政改革の動向—イギリスに学ぶ行財政改革—

　かつて、"鉄の女"といわれた英国のサッチャー首相は、イギリス経済の再生を目指して過激ともいえる行財政改革を断行した。改革の基本的な考え方は、「公共支出の拡大が長年の経済停滞の元凶となっている」として、それまでの積極的な財政政策をやめ「小さな政府」を目標にした。行財政改革の中身は、国有企業の民営化、公共サービスの民間委託、公債発行の抑制、政府の規制緩和などであった。日本も「小さな政府」を目標にして80年代から改革を進めてきたが、いまだに行財政の構造改革が進まないのに対して、イギリスは徹底的な改革を断行し、90年代には経済は回復し財政赤字も解消されてきた。イギリスの行財政改革には多くの学ぶことがある。いくつかの具体例をあげ説明しよう。

民営化

　ガス、石油、航空など主要な国営企業を国民に株式で売却して民有化した。公営住宅も建設費と補助金を削減するため、居住者に買取権を与えて売却を図った。ただし、福祉目的の住宅は地方団体がそのまま貸し出している。

　1979年以来、サッチャー保守党政権は、公共部門の規模縮小策として、ケーブル・ワイヤレスとブリティッシュ・アエロスペース（1981年）のような国有産業の売却を手始めに、電気通信（British Telecom—1984年）、石油（British Petroleum—1983年）など一連の民営化を実施した。また、公益企業については、1980年代後半になって実施されている（ガス—1986年、水道—1989年、電気—1990年）。

　1980年代中頃からの民営化の収益は、主としてブリティッシュ・テレコムのような企業の政府保有株式売却益であった。

1995年度までの民営化によって、1980年代中頃から毎年50億ポンド前後の収益が得られてきている。その他、民営化の対象が減ってくるにつれて、政府は、石炭、鉄道、郵便、核燃料、HMSOのようなあまり資産がありそうもないところにも目を向けてきたところである。

民営化の主な方法は、株式市場で、会社の株式を売却することであった。ブリティッシュ・テレコム、ガス、水道、電気、鉄鋼はすべてこの方法で売却した。他の方法としては、事業そのものの売却。事業をロイヤル・オードナンス（測量）、ナショナル・バス・カンパニー、ブリティシュ・レイル、ブリティシュ・コールのような存続している会社に売却するというものもあった。また、ナショナル・フレイト・コーポレション（貨物）、ブリティッシュ・レイランドの一部、ブリティッシュ・コールの一部、政府化学研究所のような研究機関では、経営権と従業員を売却するといったケースもあった。

一方、こうした脱国営化によるものとは別の民営化手法もある。NHSでは、民間と契約の形をとった。この場合、国に役割を残しつつも、サービスは請負業者によって実施される。契約の過程は、時に競争入札の形をとることもあった。

民営化の収益は、ピークの年には80億ポンド、総額としては、2,500億ポンドの公共支出に貢献しており、経済的に困難な中で所得税減税の要請に答えることが可能となった。民営化収入は予算の重要な要素であった。民営化収益は政府歳出の1.5％から2％にも達していることで、税の水準や政府借入れの水準に大きな影響を与えている。民営化がなければ、他の収入源への依存が大きなものとならざるを得なかったといえる。今日では、労働党も民営化について否定的ではないが、果たして民営化対象の資産がどれ程残っているだろうか。こうした点から、財政再建のための収入源としてみた場合、今後の期待は薄

れてくるのである。また、民営化政策の初めには、民間の効率性がその理由としてあげられたが、最近では、民間投資の活発化に視点が移動しており、こうした点からも、民営化はサッチャー政権時代のものといった感がある。

また、サッチャー政権下の公有資産売却政策として、地方公営住宅の払い下げについてもみておく必要がある。80年代末までに125万の住宅、全公営住宅の5分の1が売却された。1980年代から1994年まで、100億から200億ポンドほどの収入があり、ピークの1989年には315億ポンドにもなった。政策の柱であるとともに、大きな収入源でもあったわけである。

民間委託と強制競争入札

各種行政サービスについて、民間でも担えるサービスは民間に委託したほか、学校給食や道路清掃など一定の現業サービスについては、民間との競争入札を義務づけた。これは強制競争入札制度（Compulsory Competi-tive Tender：CCT）と呼ばれ、入札により民間業者が落札した場合、そのサービスは民間に移り、行政の担当部局は廃止され職員も解雇されるという厳しい制度である。CCTは徐々にその範囲を拡大し、全ての現業サービスと徴税やコンピューター業務など事務部門にも入札を義務づけた（CCTは1997年に誕生したブレアー労働党政権下で見直しが行われ強制から任意になった）。

エージェンシー化

中央省庁の現業サービスについても、市場化できるものはエージェンシー化して独立の機関として分離を進めた。現在、車検業務、高速道路の管理など100近くの機関がエージェンシーとなって独立採算の運営が行われている。エージェンシの職員は公務員であるが、経営責任者は民間から公募し、経営上の責

任を負わされる。

地方自治体の統廃合

イギリスの地方政府もわが国と同じ2層制（わが国の県に相当するカウンティーと市町村に相当するディストリクト）であったが、地方に2層の政府があるのは責任の所在を不明確にし、国の補助金も過重にしているとして、どちらか1つを残して1層制とする改革を行った。その結果、大都市圏の6つの県と首都ロンドン都庁（GLC）が廃止されたほか、一部の地域では1つの政府だけの地域ができた。現在、英国の地方自治体の数は、カウンティーが50、ディストリクトが350で日本と比較してかなり少ない。

市民憲章

公務員の質の問題はどこでも問われてきたが、イギリスでは特に評判が悪かったため、公務員の意識改革を行い、同時に公共サービスの質を改善するために「市民憲章」（Citizen's Charter）を作った。これは、行政サービスごとに目標水準を公約するもので、例えば、公立病院患者へのサービス水準の公約、鉄道旅客利用者への公約などがある。市民憲章では、住民をサービスの顧客とし、政府はサービスの生産者とみなして、民間の考え方を導入したものである。

PFI

プライベート・ファイナンス・イニシアティブ（Private Finance Initiative：PFI）とは、公共施設等の建設とその維持管理に民間の資金と経営ノウハウを活用する手法である。英国ではユーロ・トンネル、刑務所、学校、橋などの建設とその維持管理にPFIを利用し、1998年度で公共投資額の2割近くを占

めるに至っている。日本では1999年にPFI法が制定され、徐々に公共事業等に活用されてきている。ただし、PFIで重要なことは、事業のリスクを行政と民間がどう分担するかを事前に詳細に取り決めることである。これを明確にしておかないと、第2の3セク問題となる恐れがある。

NPMと行政評価システム

英米の地方自治体では、80年代から行政実務に民間の経営手法を取り入れながら行政運営の効率化を進めてきたが、その手法を体系的に理論化したのがニュー・パブリック・マネジメント（NPM）といわれる理論である。NPMは「新しい公共経営」などと訳され、行政実務の中から形成された行政運営理論である。NPMが導く新たな行政運営手法は、従来が予算Plan→執行Doの官僚統制であったのに対し、予算Plan→執行Do→評価See、そしてその評価を次の予算へ反映させるマネジメント・サイクルで管理する経営統制である。事業の執行を業績ないし成果で評価し、その結果を予算にフィードバックさせることで、住民＝顧客指向の行政運営を目指す。すなわち、行政運営を業績／成果によって統制をするメカニズムを作りだすのである。NPMは、行政評価システムを提唱する。行政評価システムは、日本でも中央省庁に導入が決まり、自治体でも任意に事務事業評価や政策評価として実施されている。

3 地方制度改革の動き

3-1 地方分権と自治体財政

　地方分権の動きは、平成7年に制定された地方分権推進法によって地方分権計画が策定され、平成12年4月に施行されたいわゆる地方分権一括法によって一応の成果をみた。明治期以来の機関委任事務が廃止されるなど、地方行政では画期的な面もあったが、財政面では財源の具体的な分権化は盛り込まれなかった。今回の地方分権が自治体財政にどう関わるかみてみよう。

分権一括法で何ができるか

　分権社会においては、自治体のみならず住民の側も自ら税負担の決定に関与する勇気をもつことが求められる。これまでのような中央集権システムのもとでは、地方税、地方交付税、補助金、地方債といった財源は、中央との関係で決定される部分が多かった。

　収入源に関わる問題について、自治体は、住民との対話より中央との対話で進めてきた。権限の不足を嘆く一方で、そうした方が楽な面も確かに存在し、住民に対して説明し負担を求める努力についての関心が十分であったとはいえない。住民に対する困難な徴税努力よりも、国税の一部を分けてもらうことや財政調整に関心をもち、国に対する「徴税努力（要求）」をしていた面がなしとはいえないだろう。こうした点が、税源移譲が進まなかった一つの要因でもあった。

　地方分権推進委員会の第二次勧告に基づき、地方税法の法整備が進められてきている。平成10年度改正には、個人の道府県民税における標準税率を採用しない場合の国への事前届出制

の廃止、個人の市町村民税における制限税率の廃止が盛り込まれた。これにより、所得課税たる住民税の税率についての自由度が高まった。どちらかといえば、税率引上げに関わるものとみられるが、一方で、地方債の起債自由化に伴い、地方税の税率引下げ可能性にも道が開かれたと考えられよう。

そして平成12年度には、法定外普通税の改正と法定外目的税の新設が実施されている。まず、法定外普通税は、総務大臣の許可制が廃止され、同意を要する事前協議制に変わった。総務大臣は、次の事由がある場合を除き、同意しなければならないこととなった。

① 国税又は他の地方税と課税標準を同じくし、かつ、住民の負担が著しく過重となること。
② 地方団体間における物の流通に重大な障害を与えること。
③ 国の経済施策に照らして適当でないこと。

また、新たな法定外税として、法定外目的税が新設されている。これは、住民の受益と負担の関係が明確になり、また、課税の選択の幅を広げることにもつながることから新たに創設されたものである。総務大臣の同意を要する事前協議制であり、同意の条件は、法定外普通税と同様となっている。

新たな税源確保

「平成11年度の税制改正に関する答申」では、「現下の経済情勢等に鑑み、外形標準課税の導入については見送ることとされたところです。しかしながら、外形標準課税は地方に適した税体系の一つであり、導入を急ぐべきであるとの意見が多く出されており、当調査会としては、都道府県の税収の安定化を通じて地方分権の推進に資するものであること、応益課税としての税の性格の明確化につながること、税負担の公平化に資すること等の観点から、早急にその方向性を示すべく、引き続き検

討を進める必要があると考えます」と議論を促し、平成10年に設置された「地方法人課税小委員会」も報告書をまとめている。

地方法人課税小委員会は、「事業活動の規模を表す外形基準については、従来の税制調査会答申等で検討の中心とされてきた加算法による所得型付加価値にとどまらず、幅広い観点から広範な可能性を検討」するものと位置づけ、企業課税であり直接税である地方法人課税の検討に絞って検討している。

外形標準課税の意義としては、地方分権を支える安定的な地方財源の確保、応益課税としての税の性格の明確化、自治体の行政サービスに対する公平な負担といったこれまでの見解に加え、新たに、経済構造改革の促進があげられている。現行のような所得に対する課税よりも、「より多くの利益をあげることを目指した事業活動を促し、企業経営の効率化と収益性の向上に資する」ことで、経済構造の改革に向けたということである。

法人の事業活動規模を外形的に表す課税標準については、「資本金又は出資金、売上高、収入金額、経費（又は特定経費）、事業所家屋床面積、事業所用地面積、事業用固定資産評価額、従業員数、給与総額、付加価値（加算法）、付加価値（控除法）」といった各種基準の中から、事業活動規模との関係、普遍性、中立性とともに、簡素な仕組み、納税事務負担を勘案して選択を進めた。そして、小委員会として、①事業活動によって生み出された価値、②当該価値のおよそ7割を占める給与総額、③物的基準と人的基準の組合せ、④資本等の金額という4つの類型に絞り、検討を行った。最終的に、「法人事業税の課税標準に法人の事業活動規模を表す外形標準を導入することが適当である」とし、「現下の都道府県の財政構造が極めて不安定なものとなっている」ことなどから、「できるだけ早期にその導入を図ることが望ましい」と結論づけた。

この①の「事業活動によって生み出された価値の算定については、生産要素である労働、資本財、及び土地への対価として支払われたものが当該価値を構成すると考えられることから、法人の各事業年度における利潤に、給与総額、支払利子及び賃借料を加えることによって行うことができる」とし、法人の人的・物的活動量を客観的かつ公平に表し、中立性も高く、新しく導入した場合、業種ごとの変動幅も小さいという利点をあげている。また、各基準について、経過措置としての所得基準との併用、中小企業への配慮などが盛り込まれた。
　このあたりが、実現に向けた主要な検討課題となろう。
　さらに、「地方分権の時代においては、行政サービスの受益と負担の関係を各地方団体において判断し、地方団体が自主的・主体的に行財政運営を行うことが必要であることから、外形標準課税を導入する場合においては、各都道府県が税率決定について、自由度を有する仕組みとすることも重要である」として、これまでみられなかった自治体毎に異なった税率の外形標準課税を想定したことは、興味深い。この点は、平成12年の税調中間答申に盛り込まれている。

環境税の考え方

　環境保護のためには、自然環境に影響を与えるものを直接に規制していくのか、あるいは課税することによって減らしていくのか。2つの方法が考えられる。必要悪としてその存在を認めざるを得ないものについては、後者の方法をとることとなろう。
　そもそも、消費税導入時に、物品税を廃止した際、自動車については、大型車と小型車の負担の格差は縮められた。経済に対する中立を目指したこの改革は、環境税的意味を減らしたものであった。環境問題が大きく取り上げられる中、体系的に見

直していく必要がある。その際、炭素税など、大気汚染や広範な影響を及ぼすものについては国レベルで、これまでも存在していたような自動車課税などは地方レベルで課税することとなる。ただ、現行の自動車関係税については、やや複雑すぎること、また、もともと環境税というより道路財源としての意味が中心で環境税という意味はなかったことでもあり、環境対策という観点から体系的に見直しをする時期にきている。交通体系全体の税として、あるいは一般財源として見直しする方法も検討に値する。その他、自動販売機、ペットボトル、空き缶、ダム、産業廃棄物など、環境に影響を与えるものについて、自治体での検討が必要である。法定外税については、たとえ、税収自体は少なくとも、環境対策と税収確保の観点からみるべきものがあるといえる。

3-2　市町村合併と地方財政

　　　総務省により、平成の市町村合併が進められようとしている。市町村合併は明治から幾度かにわたって進められてきたが、振り返るとそこには常に財政危機の問題があった。平成の市町村合併は、市町村の数を3分の1の約1,000にしようという目標が掲げられている。市町村合併の歴史とこれから進められようとしている平成の合併が自治体財政にどう関わるのか、解説しよう。

明治と昭和の大合併

　　　日本の基礎自治体は、明治20年頃は7万2,000ほどもあったが、明治22年の市制町村制施行を前に約半年の間に5分の1近くまで急ぎ統合し減少した。その後、中規模の合併策が2回、小規模のものが第二次大戦中に1回実施されている。

　　　戦後は、新憲法と地方自治法の下、教育制度改革による義務教育、自治体警察の運営など、多くの行政事務が市町村に任されることとなり、昭和28年町村合併促進法が制定されて、1万近い市町村は昭和37年には3,460まで減少した。この時は、中学校を運営するに適応する規模とされる人口8,000人を目途に合併が進められている。当時、人口500人以下の自治体も20ほどあったが、やがて市町村の平均人口は3万人ほどとなった。その結果、昭和29年には実質収支の赤字団体が2,247市町村を占めるに至っていたが、その後、大きく減少した。

　　　また、高度成長に寄与するため、新市町村建設促進法、市の合併の特例に関する法律、新産業都市建設促進法と工業整備特別地域整備促進法においても、合併促進策がとられた。昭和40年には、様々な合併特例規定を整理し、全国的な合併促進のため、市町村合併特例法が成立した。昭和45年には、二年

間に限り人口3万人で市となる特例を設けていた。
昭和40年の市町村合併促進法は、10年間の時限法であったが、その後、50年、60年、平成7年に更新、改正され、平成17年まで延長されてきたものである。

　また、昭和40年には、地方制度調査会が府県合併を答申し、その後、府県合併特例法案が出されている。憲法95条による住民投票手続きの簡略化を図ったものであったが、こちらの方は大きなうねりとはならず、道州制論などはあったものの、その後の合併論の中心は市町村となった。

平成の市町村合併

　平成7年、合併特例法が改正されたあたりでは、合併への機運はそれほど大きいものではなかった。しかし、地方分権推進委員会の審議が進み、機関委任事務制度廃止が現実味を帯びてくると、平成9年に市町村合併と地方行革を目指した地方行政体制検討グループが発足し、第二次勧告（平成9年）で分権の大要が明らかとなり、分権的税財源確保の道筋がつけられた。

　さらに、第25次地方制度調査会の答申（平成10年）を受け、行政体制論、いわゆる分権の受け皿論が大きくなり、積極的市町村合併の必要性が指摘されてくる中、地方分権推進計画でも、市町村合併のための行財政措置がもりこまれてきた。

　平成11年、地方分権一括法とともに改正された市町村合併特例法は、以前のものに比べ、合併促進についてのスタンスが格段に積極的なものとなっている。平成11年8月には、自治事務次官は、各都道府県知事宛て「市町村の合併の推進についての指針」を提示し、都道府県に、合併の検討の際の参考や目安となるパターン等、合併推進要綱の策定と市町村合併に向けた積極的支援をするよう訴えている。

　こうした積極性は、これまでみられた財政措置を一層充実さ

せており主なものは、以下のとおりである。
① 合併に向けた地方交付税の額の算定の特例、合併前の交付税額を保証するいわゆる「合併算定替」期間を5年から10年としたこと。
② 合併しても過疎債を継続適用する特例措置を設けたこと。
③ 合併準備補助金と合併市町村補助金を設定したこと。
④ 合併特例債を創設したこと。
⑤ 従来の合併補正を再構成し、行政の一本化に関わる経費、行政サービス水準の調整等の臨時的経費について普通交付税の包括的財政措置を講じ、投資的経費については合併特例債を適用したこと。

　上記の合併特例債は、市町村建設計画に基づいて行う一定の事業に要する経費や、合併後の市町村が行う地域振興のための基金積み立てに要する経費について、地方財政法第5条に適合しないものでも、合併年度及びこれに続く10年、地方債を財源とすることができるというものである。

　地方財政法第5条は、「地方公共団体の歳出は、地方債以外の財源をもって、その財源としなければならない」とした上で、地方公営企業の財源、出資金・貸付金の財源、地方債借換えのための財源、災害復旧事業費等の財源、公共施設・公用施設の建設事業費及び土地購入費をいわゆる適債事業として、地方債発行を行ってもよい経費、財源を規定している。

　これに対し、特別法による地方債には、これまで、辺地対策事業債、過疎対策事業債、地域総合整備事業債などがあり、特例地方債といわれている。昭和50年度以降の地方財政対策の中では、地方税臨時減収補てん債や財政対策債などがある。これらの多くは、元利償還財源の一部が地方交付税の基準財政需要額に算入され、借金というより交付金的性格をもってきたところである。

新設の合併特例債は、通常の地方債より、充当率が高く95％、元利償還金の7割が普通交付税で措置されるものとなっている。適用事業は、次のようなものとされている。

第1に、合併市町村の一体性の速やかな確立を図るため又は均衡ある発展に資するために行う公共的施設の整備事業である。これは、合併市町村間の連絡道路やトンネル、公園、介護施設など。

第2に、合併市町村の建設を総合的かつ効果的に推進するために行う公共的施設の統合整備事業である。類似の公共施設を統合し、職員配置を効率化する場合などがあてはまる。

第3に、合併市町村における地域住民の連帯の強化又は合併関係市町村の区域であった区域における地域振興等のために地方自治法241条の規定により設けられる基金の積立てで地域振興のためのイベントなどソフト事業のための基金である。

特例地方債は、これまで、過疎地を含めた多くの自治体で、基盤整備財源として地域の活性化に寄与してきた。合併特例債も合併に向け、ハード、ソフト両面での一定の期待はできる。ただ、合併推進の財政支援にみられる、地方債の元利償還金の交付税措置などが自治体のモラル・ハザードをもたらし、一時的には、国、地方を通じた財政再建に水を差す可能性も否定できない。

地方分権推進計画では、交付税措置制度の見直しとともに新設部分は必要最低限とすべきとする一方、地方交付税の算定について、市町村合併を支援していく観点からの財政需要を反映すると指摘しており、若干苦しい議論ともなっていた部分でもある。

より一層の権限移譲と税財源移譲を進める中で、アメに頼らずとも自治体、住民から合併機運が高まってくることが求められている。

市町村の変遷等

年　月	市	町	村	計	備　　考
明治21年	−	(71,314)		71,314	
22年	39	(15,820)		15,859	市制町村制施行（明22.4.1） （明21.4.17　法律１号）
大正11年	91	1,242	10,982	12,315	
昭和20年10月	205	1,797	8,518	10,520	
昭和22年８月	210	1,784	8,511	10,505	地方自治法施行 （昭22.5.3　法律67号）
28年10月	286	1,966	7,616	9,868	町村合併促進法施行 （昭28.10.1　法律258号）
31年４月	495	1,870	2,303	4,668	新市町村建設促進法施行 （昭31.6.30　法律164号）
31年９月	498	1,903	1,574	3,975	町村合併促進法失効 （昭31.9.30）
36年６月	556	1,935	981	3,472	新市町村建設促進法一部失効 （昭36.6.29）
37年10月	558	1,982	913	3,453	市の合併の特例に関する法律施行 （昭37.5.10　法律118号）
40年４月	560	2,005	827	3,392	市町村の合併の特例に関する法律施行（昭40.3.29　法律６号）
45年４月	564	2,027	689	3,280	
50年４月	643	1,974	640	3,257	市町村の合併の特例に関する法律の一部を改正する法律施行 （昭50.3.28　法律５号）
55年４月	646	1,991	618	3,255	
60年４月	651	2,001	601	3,253	市町村の合併の特例に関する法律の一部を改正する法律施行 （昭60.4.1　法律14号）
平成２年４月	655	2,003	587	3,245	
７年４月	663	1,994	577	3,234	市町村の合併の特例に関する法律の一部を改正する法律施行 （平7.3.29　法律50号）
11年７月	671	1,990	568	3,229	地方分権の推進を図るための関係法律の整備等に関する法律一部施行（平11.7.16　法律87号）

Ⅱ 自治体予算の読み方

1 予算の仕組み

1-1 国の予算と地方の予算

　予算とは、一会計年度の収入と支出の見積書であり、政策の具体的な表明であって行政の活動を拘束するものである。

　国の予算は、毎年、通常は12月に大蔵省（平成13年からは財務省）原案を受け、一般会計の政府案（歳入歳出予算）が発表される。

　歳入は、租税（国税）が多くを占めており、公債（国債）がこれを補完している。かつては、歳入のほとんどすべてが租税によっていたこともあるが、今日では、歳入の6割を切ることもある。

　歳出は、地方交付税交付金、国債費などを除く部分を一般歳出として、公共事業関係費や社会保障関係費などの政策的経費に充てている。国債費は、過去の国債発行の元利償還費であり、その多くは、利払い費に充てられ、地方交付税交付金は、国税の一定割合を財政調整財源としてプールしているものである。したがって、これらは国の一般会計予算には計上されているが、当該年度、国の政策経費に充てることができないのである。

　財政年度内に、景気に変化がみられた時などは、補正予算を組んで、歳入、歳出を調整することがある。バブル崩壊後の近年は、ほとんど毎年のように総合経済対策、緊急経済対策などが実施され、これに合わせて、補正予算が組まれ、減税や国債の増発がみられている。

　国の予算には一般会計予算のほかに、郵政事業や造幣局など38の特別会計予算、国民生活金融公庫や住宅金融公庫などの

政府関係機関予算、それに第二の予算ともいわれる財政投融資計画がある。国の予算は、その内容から図に示すように地方税、地方交付税、国庫支出金、地方債など、地方団体の財源に大きな影響をもっている。

一方、地方自治体の予算はその形式・性質によりいくつかの種類に分けることができる。一般会計予算、特別会計予算、公営企業会計予算、普通会計予算、公営事業会計予算などである。

自治体の予算も、単年度予算であり、今後1年間の財政収支を示すものであること、一般会計と特別会計、通常予算と補正予算などを置いていること、議会の議決を必要とすることという意味では、国の予算と同様である。

ただし、地方財政の比較分析をする場合には、普通会計予算という概念を用いている。普通会計は、地方財政全体を一定の基準の下に統一的に把握するために用いられる統計上の概念であり、個々の自治体に普通会計があるものではない。法令で特別会計の設置を義務付けられた事業以外は、どの事業を一般会計で処理するか、特別会計で処理するか、自治体裁量の範囲であるため、一般会計のみを比較することに、大きな意味はない。従って、公営事業会計を除き、一般会計と一部の特別会計を含んで、普通会計として、自治体の規模を示すものとしている。

公営事業会計予算は、公営企業会計に自治体の経営する事業の会計（国民健康保険事業会計、競馬・競輪・宝くじ・オートレースなどの収益事業会計ほか）を含めた予算の総称である。

また、国の予算が、専ら、国会の多数と日銀の信用をバックに、税制や国債などの財源づくりが比較的容易であるのに対し、地方は、地方税や地方債など、条例では、財源確保の限界がはっきりしていることが大きな違いといえる。その限界ゆえに、国の地方財政対策が必要とせざるをえなくなっているのである。

1-2　予算の種類

予算は、会計区分により一般会計予算と特別会計予算に、また策定時期によって通常予算、暫定予算、補正予算に分けることができる。それぞれについて解説しよう。

一般会計と特別会計

自治体の基本的歳入と歳出を経理する会計が一般会計予算である。ここでは、地方税、地方交付税、国庫支出金、地方債を財源に、教育費、土木費、民生費、衛生費などの支出を行う。

自治体の予算は、そのすべての歳入と歳出が1つの会計に計上されることが望ましい（単一性の原則）のであるが、現代では自治体活動の多面化にしたがい、一般会計から切り離した別会計で処理する必要が生じている。自治体が、特定の事業を行う場合や特定の歳入をもって特定の歳出にあて一般の歳入・歳出と区分して経理する必要がある場合に設置されるのが、特別会計である。

特別会計は、その設置が法令（地方公営企業法第17条、地方財政法第6条、国民健康保険法第10条、老人保健法第33条など）で義務づけられているものと、自治体が条例により設置するものがある。特別会計の中で特にその経費が当該事業経営収入をもって充てられる（独立採算制）ものを、公営企業会計予算といい、これはさらに、地方公営企業法の適用を受けるもの（法適用企業）と同法の適用を受けないもの（非適用企業）とがある。

近年、これらの特別会計が細分化・増加の傾向をみせているが、このことは、予算全体の統一的把握を困難にし、住民＝議会による統制を妨げる。方、特別会計は、特定の事業を一般会計から別個に経理したり、特定の財源を特定の収入源にリンク

させたりする場合設置されるものである。地方公営企業法、地方財政法、国民健康保険法、老人保健法などで義務付けられたものの他、自治体が条例で独自に置くものがある。特別会計のうち、その経費が事業収入によって調達され、独立採算制をとるものを公営企業会計予算としている。

　上下水道や都市交通のような地方公営企業は、事業の公共性を重視するならば、料金は安い方がよいということになり、独立採算にはこだわるべきでなく税を投入すべきとの考えもあるが、経営の観点からいえば、適正な料金、適正なサービスを実施し、会計の独立性を維持すべきということになろう。しかし、より重要な観点は、その事業が住民にとって極めてスタンダードなものかどうか、生活に欠かせないものであるのか、料金が生活を圧迫する恐れがあるかどうか、などを慎重にみておくことである。

通常予算、補正予算、暫定予算

　予算は、事前決定の原則（地方自治法第211条第1項「予算の事前議決」）にもとづき会計年度開始前に審議・議決しておく必要があるが、ここで成立した一会計年度を通ずる予算を通常予算と呼ぶ。一般的には、当初予算と呼ばれることが多い。

　補正予算は、会計年度開始後に生じた事由にもとづいて、既定の予算に追加その他の変更を加える予算のことである。自治体の予算は、国庫支出金、地方交付税などの国からの収入に大きく依存している。予算編成段階ではこれらの依存財源の見込額が不確実であるため、相当回数の補正予算が組まれるのが実態である。自治体の一会計年度の財政運営全体を見通すという観点からみても問題のあるところである。

　この他、年度開始前までに何らかの事由により予算の成立が見込めない場合、必要に応じて一会計年度のうちの一定期間に

かかわる予算を作成するが、これを暫定予算という。暫定予算には、必要最小限度の経費が計上されるべきであり、それは当該年度の予算（本予算）が成立した時には、これに吸収されることになる。また、自治体の長・議員の改選が行われるなどの事情のもとで、政策関連の経費を除き義務的経費を中心に予算の作成が行われる場合、これを骨格予算と呼ぶ。あとで政策関連の経費が組み込まれた時には肉付予算という。

1-3 予算の内容と過程

予算の内容

　地方自治法第208条では、会計年度を4月1日から翌年3月31日までの一年間とし、各会計年度における歳出はその年度の歳入をもってこれに充てなければならないとしている。そして、同法第215条においてこの予算の内容を以下のように規定している。

① **歳入歳出予算**

　予算の基本をなすもので、一年間の収入と支出の金額が計上されている。狭義の予算という場合、この歳入歳出予算をさす。

　歳入予算は単なる見積もりに過ぎないが、歳出予算は議会の議決により拘束されている。歳入予算についてはその性質に従い、歳出予算についてはその目的に従い、それぞれ款・項に区分され、これを議決科目という。

② **継続費**

　その履行に数年度を要する事業については、その経費の総額及び年割額を前もって議決しておき、各年度ごとに年割額を計上するのが継続費である。単年度の原則からみてそれが濫用されないよう十分の統制が必要である。

③ **繰越明許費**

　歳出予算の経費のうちその性質または予算成立後の事由にもとづいて、年度内にその支出が終わる見込みのないものについて、前もって議決しておき翌年度に繰り越して使用できる経費を繰越明許費という。年限が翌年度まで、所要の財源も合わせて繰り越すという点で継続費とは異なっている。しかし、継続費と同様単年度の原則の例外的支出方法である。

④ **債務負担行為**

自治体が歳出予算、継続費、繰越明許費に定められている場合を除いて債務を負担する行為を行うときは、予算で債務負担行為として定めておく必要がある。債務負担行為の目的は、債務だけを負うことであり、その実際の支出は翌年度以降に行われる。

⑤ 地方債

自治体が歳入不足を補うために一会計年度を超えて行う借入れを地方債という。地方債の起債の目的、限度額、起債の方法、利率及び償還の方法は予算で定める事になっている。

⑥ 一時借入金

地方債と同様自治体が歳入不足を補うために行う借入れであるが、当該年度内に返済されるものを一時借入金と呼ぶ。一時借入金の最高額は、予算で定めることになっている。

⑦ 歳出予算の各項の経費の流用

すでに指摘したように、歳出予算は款・項に区分されており、これは議決科目として流用が認められていない。しかし項については、予算の執行上必要がある場合に限り、予算の定めにより流用することができることになっている。

予算の過程

各年度の予算は、編成ー審議ー執行ー決算という過程で循環している。

① 予算の編成

自治体の予算編成権は、その首長（知事・市町村長）にある。首長は、毎会計年度予算を作成し、年度開始前に議会の議決を経なければならない。この場合、都道府県及び政令指定都市においては30日、その他の市及び町村においては20日までとされている。

首長は予算編成にあたり、まず編成方針を決定するが、各部

局課はこの方針にもとづき財政担当部課に予算要求を行う。ついで、財政担当部課は、この予算要求について説明を受けながら査定を行い最後に首長が決定する。査定終了後、予算書を作成し議会に提出するがその際、予算に関する説明書を合わせて提出しなければならないことになっている。

② **予算の審議**

予算書が議案として議会に提出されると（予算の提案権は首長にしか認められていない）、議会はこれを審議・議決しなければならない。予算の審議は、長による提案理由説明から行われ、一般議案と同様、総括質問－委員会付託－委員会の審査結果報告－本会議における討論－議決という手続きがとられる。予算の議決については、増額修正あるいは減額修正があるが、増額修正をする場合は、長の予算提案権を侵してはならないという制限がある。

予算について議決がなされたときは、議会の議長は3日以内に長に送付する。送付を受けた長は、再議その他の措置をとる必要がない場合は自治大臣（都道府県）、あるいは知事（市町村）に報告をし、その要領を住民に公表しなければならない。

③ **予算の執行**

予算が成立すると次は歳入予算・歳出予算の執行過程に入るが、予算の執行権は各自治体の長に属している。歳入予算は、単なる見積もりに過ぎず、それを構成している収入は、具体的には地方税法、関係条例により、あるいは依存財源（国庫支出金、地方交付税など）については国の予算・法律・政令によっている。これに対して歳出予算は拘束力をもち、経費の支出を行う場合は、その目的、金額、時期などについて予算又は法令の定めに従わなければならないのである。

予算の執行に関しては、自治体の長の専決処分（議会を招集する暇がない時、議会において議決すべき事件を議決しない

時）、目・節（執行科目）間の流用、事故繰り越し（避けがたい事故のため年度内に支出を終わらなかったものの翌年度への繰り越し使用）、などの点は検討を要する課題といえよう。

④ **決算**

　一会計年度の歳入歳出予算の執行の結果を計数的にまとめたものを決算と呼ぶ。決算過程は、出納帳（都道府県）または収入役（市町村）による作成－監査委員の審査－議会の認定－自治大臣（都道府県）または知事（市町村）への報告と住民への公表、という手順をとって行われる。

　決算作成の時期は、出納閉鎖（5月31日）後3か月以内（8月31日まで）に行われ、証書類その他の附属書類と合わせて首長に提出される。長は提出された決算及び前記書類を監査委員の審査に付し、監査委員の意見を付けて評議会の認定に付さなければならない。その際、長は当該会計年度における主要な施策の成果を説明する書類を合わせて提出しなければならないと規定されている。

　議会の認定は、法的にみて決算の効力に影響はないとされているが、本来予算そのものが住民＝議会の統制手段として存在し、決算がその統括とするならば、議会の認定を単に形式的側面からみるだけでは不十分であろう。すくなくとも議会の認定を通じて首長の政治的道義的責任を明確にすることが必要であり、監査委員のあり方を含め、議会による認定の機能を強めることが必要と思われる。

「基礎知識編」 Ⅱ　自治体予算の読み方

国の予算過程

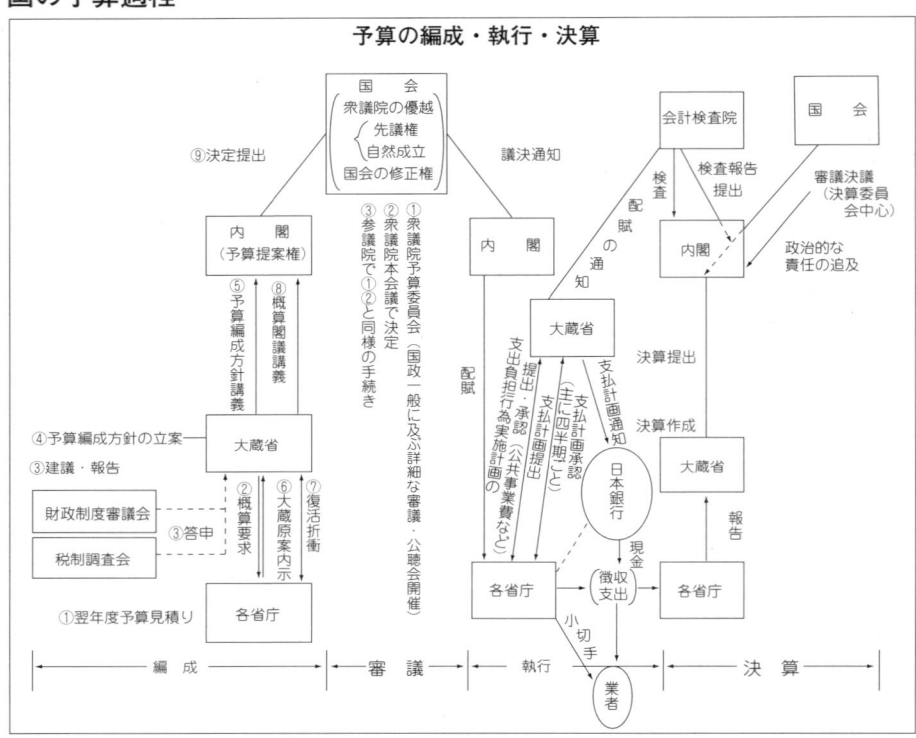

予算の編成・執行・決算

［編成］
- ①翌年度予算見積り — 各省庁
- ②概算要求
- ③建議・報告（財政制度審議会・税制調査会）→ 答申
- ④予算編成方針の立案 — 大蔵省
- ⑤予算編成方針閣議
- ⑥大蔵原案内示
- ⑦復活折衝
- ⑧概算閣議決定
- ⑨決定提出 → 内閣（予算提案権）→ 国会

［審議］
国会（衆議院の優越／先議権／自然成立／国会の修正権）
- ①衆議院予算委員会（国政一般に及ぶ詳細な審議・公聴会開催）
- ②衆議院本会議で決定
- ③参議院で①②と同様の手続き
→ 議決通知 → 内閣

［執行］
配賦 → 大蔵省
- 支出負担行為実施計画の提出・承認（主に公共事業費など）
- 支払計画承認（四半期ごと）
- 支払計画提出
配賦の通知 → 各省庁
支払計画通知 → 日本銀行
現金・徴収支出・小切手 → 業者

［決算］
会計検査院 — 検査／検査報告提出 → 内閣
決算提出 → 大蔵省 → 決算作成 → 報告 → 各省庁
国会 — 審議決議（決算委員会中心）／政治的な責任の追及

地方の予算過程

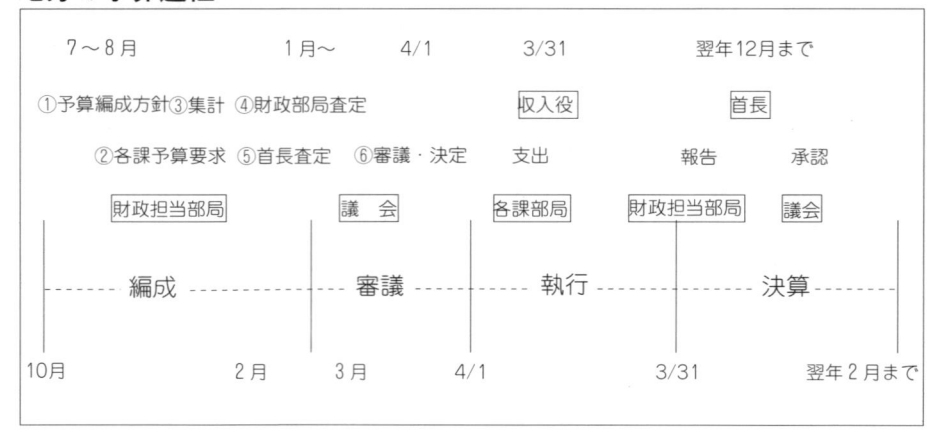

	7～8月	1月～		4/1	3/31	翌年12月まで
	①予算編成方針　③集計　④財政部局査定			収入役		首長
	②各課予算要求　⑤首長査定　⑥審議・決定			支出	報告	承認
	財政担当部局	議会		各課部局	財政担当部局	議会
	編成	審議		執行	決算	
	10月	2月	3月	4/1	3/31	翌年2月まで

42

2 予算の考え方

2-1 予算の原則

　予算の主要な役割は、国民（住民）＝議会による行政権力への民主的統制にある。その際の予算制度はどうあるべきかを提言したものが予算原則である。予算原則については、多くの学者により主張されているが、以下ではノイマルク（F. Neumark）の原則をみてみよう。

① 完全性の原則

　予算の内容に関する原則で、すべての収入と支出を完全に計上しなければならないということである（総額予算主義）。すなわち、相互に関係のある収入と支出をそれぞれ控除した純額（純額主義）で計上してはならないということである。

　わが国の場合、財政法第14条「歳入歳出予算」、自治体予算に関しては、
地方自治法第210条「総計予算主義の原則」に規定されている。

② 単一性の原則

　予算の形式に関する原則で、すべての収入と支出は一つの予算に計上しなければならないということである。複数、多数の予算は財政収支全体の把握を困難にし、その結果、国民（住民）による統制機能を妨げることになる。単一性の原則に関するものとしてノン・アフェクタシオン（目的非拘束）の原則がある。これは特定の収入が特定の支出に拘束されてはならないとする原則である。現行の予算制度は、国・自治体ともにかなりの数の予算が存在し、この点からも検討すべき課題となっている。

　財政法第13条第2項、地方自治法第209条第2項の単一予算主義の原則の規定。

③ 明瞭性の原則

これも予算の形式に関する原則で、収入と支出の分類、それぞれの項目の内容が明瞭に理解できるよう表示されなければならないという原則である。

財政法第23条「予算の部款項の区分」、地方自治法第216条「歳入歳出予算の区分」においてそれぞれ規定されている。

④ 厳密性の原則

予算の準備に関する原則で、収入と支出は可能な限り正確に見積もらなければならないということである。すなわち、予算額と決算額とを一致させることは不可能にしても、その差額は可能な限り小さくしなければならないことが求められているのである。

⑤ 事前性の原則

予算の準備に関する原則で、予算は次の会計年度の始まる前に、議会により承認されていなければならないのである。予算は、国民（住民）の行政権力に対する統制手段であるから、事後的承認ということになれば、この統制権の機能は失われることになる。会計年度開始前の承認が困難な場合には、今日では暫定予算という措置がある。

財政法第27条「予算の国会提出」、地方自治法第211条第1項「予算の事前議決の原則」の規定がある。

⑥ 限定性の原則

予算の執行に関する原則で、これはさらに(1)質的限定＝費目間流用禁止、(2)量的限定＝超過支出禁止、(3)時間的限定＝会計年度独立、の3つの内容から成り立っている。

(1)費目間流用禁止：承認された費目が行政当局により目的外に支出されたとすればそれは議会のもつ財政統制権の侵害となる。

(2)超過支出禁止：承認された金額以上の支出を禁止するもの

で、その根拠は費目間流用禁止と同じである。

(3)**会計年度独立**：経費の支出は承認された期間内に行われるべきであって、会計年度をまたいではならないという原則である。会計年度は通常1年間とされるので、この原則は単年度の原則ともよばれる。国の予算については財政法第32条「予算の目的外使用の禁止」、同法第33条「予算の移用、流用禁止」、同法第11条「会計年度」、同法第12条「会計年度の独立」、自治体の予算については、地方自治法第220条第2項「費目間流用禁止」、同法第208条および第220条第3項「会計年度独立の原則」の諸規定がある。

⑦　公開制の原則

　予算の編成・審議・執行・決算の全課程に関する原則である。財政民主主義の根幹をなす予算は、その全過程が国民（住民）に公開されなければならない。財政の民主的統制手段としての予算は、それが公開されることにより、その諸機能が保障されるのである。

　憲法第91条「内閣の財政状況報告」、財政法第46条「財政状況の報告」、地方自治法第219条第2項「予算の報告及び公表」に公開に関する諸規定がある。

2-2　予算と財政民主主義

　　予算は、形式的側面からみれば、自治体の一定期間における支出及び収入の見積書であるが、本来、近代財政が国民による国家権力への統制手段として発達してきたという視点からみれば、自治体の予算は、住民＝議会による自治体への統制手段ということができる。

　　このように、予算は、一面では一定期間における自治体の貨幣の取得（税金など）とその支出（各種行政サービスの提供）という貨幣の流れとして把握できる。しかし予算のもつ重要な意義は、その政治的側面としてこの財政民主主義の諸原則の保障というところにある。

　　財政民主主義の諸原則を保障する政治制度は、近代的議会制度にその基礎をおいている。そして、国民の財政統制権ないしは予算統制権は、この近代的議会制度の発達に伴い確立・拡充されるのであるが、それはさらに、議会制民主主義のあり方に規定されている。

　　そこでは、租税承認権、経費支出承認権、予算議定権、決算承認権などを内容とする財政権を国民に保障する諸原則の確立が重要な課題となっていた。これらの権利を保障する原則・制度は、現代では租税法律主義、予算書あるいは決算書による議会の承認という形で法体系が確立している。

　　わが国においては、国の財政については、憲法第7章「財政」、財政法（予算その他財政の基本に関する規定）、会計法（歳入・歳出などに関する技術的規定）などがあり、地方自治体の財政については、憲法第8章「地方自治」、地方自治法（とくに第9章「財務」の諸規定）、地方財政法（地方財政の運営、国と地方の財政関係に関する基本原則の規定）などにより、財政民主主義の諸原則が法制化されている。

3 現行予算の問題と予算改革の動向

3-1 わが国の予算問題と改善方策

　　国も地方も財政にとって予算は最も重要な仕組みである。予算の問題は以前より指摘されながら、なかなか改革されないできた。これまで、予算について指摘されてきたことは、「増分主義」による予算編成である。すなわち、前年度までの予算配分を前提に、上乗せ調整していく形で予算配分する方式である。これはつねに問題として意識されてきたが、未だ十分な解決法を見出せずにいる課題の一つである。選挙を意識した政治的圧力、すなわち圧力団体や利害集団との関係、官僚組織の縦割り性がその理由としてあげられ、とくに、公共事業関係の費目で顕著な傾向がある。

　そこで「増分主義」を排除する方策として、予算の限度額を決めるシーリング方式がある。これは、予算の項目について上限＝シーリングを予め決めておくものである。各予算の項目について一律にカットを行う場合、比較的効力を発揮してきた。なお個別項目への切り込みや精査が十分でないとの問題はあるが、近年の不況下では、財政健全化を目指す基本的方策ともなっている。

　その他、予算を一から見直す「ゼロベース予算」、予算の有効期限を決めておく「サンセット方式」、中長期の目標と代替的方策を明らかにした上で費用便益を分析する「PPBS」、そして予算を事業別に組む「事業別予算」などが、これまで検討され、試みられてきたものである。

　また最近の試みとしては、予算作成について、ボトムアップではなく、トップダウンを進めることによって、予算にメリハリを付ける自治体もみられている。首長も含めた各部局の責任

者がいわば取締役会のように、議論を戦わせ、予算獲得努力をするということである。決定までの時間は長くなる傾向にはあるが、期待がもたれる試みである。また、「時のアセスメント」にみられる事業内容の見直し作業は、効果を発揮し始めてきているところである。

3-2　成果主義予算―イギリスの資源予算―

　欧米では90年代に入って、中央政府の予算・会計制度改革が行われてきた。これは政府のアカウンタビリティが求められる中で、財政の透明性や政策の成果を納税者に明らかにすることが必要となり、すでにイギリスの地方政府で導入されていた会計制度を中央省庁に広げたものである。新たな政府の会計＝公会計は、収支の測定を現金主義に代えて企業会計に準じた発生主義とするものである。

　イギリスでは、97年度から発生主義に基づく資源会計（Resource Accounting）が導入され、2001年からは資源予算が策定されることになっている。この資源会計とは、企業会計と基本的には同じであるが、会計情報が支出分析にウエイトをおいている点で、企業会計の経営成績及び財政状態の表示とは異なる。また、会計実体が民間部門に加え政府など公共部門も含んでいる点で、企業会計より広範囲である。そのため資源会計では、利益計算より費用計算が重要であり、経済資源の効率的活用を促すための計算技術（遊休資産の有効活用を促す意味で資本チャージが課せられる）がある。

　そして資源予算とは、資源会計により得られた会計情報を支出ではなく消費される資源に焦点をあてて次年度の予算を編成し、遊休資本を含め資本の有効活用を促進させることなどを目的として作成されるものである。

資源決算書の構成：
1. 予算決算対比表：資源と資金必要額の関連表
2. 運営費用計算書：運営上の費用計算書
3. 貸借対照表：年度末の資産・負債・資本
4. 資金収支計算書：現金の収支

5．目的別計算書：各省庁の政策目的別の投入額と資源コスト

資産評価と減価償却：全ての固定資産は公正な価値で評価。インフラ資産は償却後再調達価格（時価）で評価。ただし国のインフラは国道のみ。遺跡等は専門鑑定士（valuer）による評価額。定額法による減価償却を実施。橋梁トンネル120年、舗装は20年など。道路ネットワークは更新費用を計上。

資本チャージ：資産を保有するコストとして資本チャージを課す。資産から負債を控除した純資産額に対して市場利子率を参考にして資本チャージを計上する。当面は6％とする。しかしこの資本チャージは資金移動はなく、予算決算上の振り替えとする。

資源予算書の構成：
1．資源予算書：予算項目ごとの予算額を前年度決算額と対比
2．運営費予算書：施策運営費の予算額を前年度決算額と対比
3．資金収支予算書：運営と投資の現金収支を前年度決算額と対比

資源決算書(Resource Accounts)の様式の概要

様式 1　資源の実績の概要 (Summary of Resource Outturn)
《予算と決算の対比表》

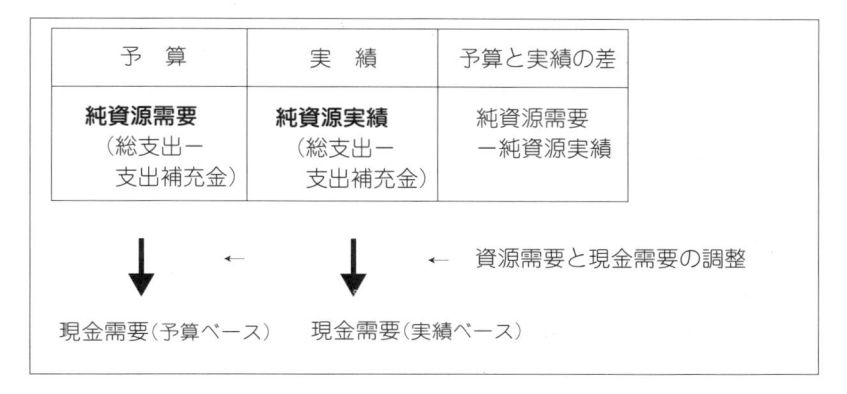

予　算	実　績	予算と実績の差
純資源需要 （総支出－ 　支出補充金）	**純資源実績** （総支出－ 　支出補充金）	純資源需要 －純資源実績

↓　←　↓　←　資源需要と現金需要の調整

現金需要（予算ベース）　　現金需要（実績ベース）

様式 2　運用費用報告 (Operating Cost Statement)

管理費
　①純管理費
　　（人件費・減価償却費等管理費用－運営収入《支出補充金＋支出に補充されない収入》＋固定資産処分に係る損失 等非循環管理費用＋資本費用）

施策経費
　②純施策支出
　　（経常補助金＋資本補助金＋その他の経費）

純運営経費（①＋②）

純資源実績
　（純運営経費＋支出に補充されない収入）

様式2　貸借対照表
（Balance Sheet）

資産（①＋②－③－④）
- ①固定資産
- ②総流動資産（流動資産－流動負債）
- ③固定負債
- ④負債及び費用引当金

資本金及び準備金（⑤＋⑥＋⑦）
- ⑤一般基金
- ⑥再評価準備金
- ⑦贈与資産準備金

※　資産＝資本金及び準備金

様式4　現金収支報告
（Cash Flow Statement）

運営活動
- ①運営活動による純現金流出
（純運営経費－資本補助金・非現金取引等による補正）

投資活動
- ②投資活動による純現金流出
（固定資産購入等＋資本補助金）

資金調達前の純現金流出（①＋②）

資金調達
- ③資金調達による純現金流入
（国からの補助金＋その他）

現金の減少（増加）（①＋②－③）

様式5　省の目的別資源実績（Resources by Departmental Aims）
《目的・目標別決算》

- 第1目的への資源実績①
- 第2目的への資源実績②
- 第3目的への資源実績③
- 合　　　計（①＋②＋③）

（出所）建設省政策研究センター
『社会資本と企業会計的手法に関する研究』1988

III 自治体決算の読み方

1 決算書の仕組み

1-1 決算の手続き

　　決算とは、予算を執行した結果をまとめることである。地方自治体は、議会の議決を経た予算をその会計年度内に支出するわけであるが、支出した結果をまとめたものが決算書である。

　　決算をまとめる目的は、予算の科目と対比することで見積りと実績を明らかにし、見積もりが適正であったか、議決された予算どおりに支出されたかを検証することにある。決算は、企業にとっては1年間の経営実績であって、予算をオーバーすればそれだけ成績が良かったわけであり、ここでは予算より決算が重視されるが、自治体の場合には予算は議会で決めた枠であるからオーバーすることは許されないし、決算より予算が重視される。自治体の決算は、あくまで予算の枠内で支出されたことを確認する計算書にすぎない。したがって、予算は議会の議決を要するが決算は認定であって議決は要しない。

　　決算の手続きは、会計年度終了後4月1日から開始されるが、5月31日までの2ヶ月間は出納整理期間といい、契約などの都合で会計期間内に受け払いが終わらないものについて2ヶ月間の猶予期間を設けている。これは、政府の会計が現金主義であるため実質的な収支を会計期間に所属させるための便宜的な措置である。決算を作成することを調製といい、その責任者は出納長か収入役である。決算書は8月31日までに自治体の首長に提出しなければならない。首長は、決算書を監査委員に提出し審査を受けた後、議会で次期予算の審議をする前に認定を受けて、一連の決算の手続きが終了する。

決算で作成しなければならない決算書類は、歳入歳出決算書、決算に添付する書類及びその他である。歳入歳出決算書は、歳入歳出予算の議決項目である款と項を記載し、それ以下の目と節については付属明細書に記載する。実質収支に関する調書は実質収支の明細、財産に関する調書は公有財産の取得、管理及び処分を財産の区分、種類、用途、数量、取得金額などについて記載することになっている。その他の書類については、各自治体が決算説明書など必要と認める書類を任意に作成している。

一般会計の予算から決算までの流れ

- 4月1日：会計年度開始──予算執行開始
  〈予算執行期間〉　予算の内容・歳入歳出予算
  　　　　　　　　　　　　・継続費・繰越明許費・債務負担行為等

- 3月31日：会計年度終了──予算執行終了
  〈出納閉鎖期間〉前会計年度に起因する現金の収支を決算に計上する
- 5月31日出納閉鎖期間終了
  〈決算調製期間〉

- 8月31日：決算書類の首長への提出期限
  ・監査委員の審査
  ・議会の決算認定（次期通常予算の審議入りまで。ただし認定であって議決の必要はない）
- 決算手続き終了
  ・決算の作成者(調製者)：出納の権限をもつ出納長又は収入役

・決算作成（調製）の時期：出納閉鎖後3ヶ月以内（8月31日）。
　　　　　　　　　　　　出納長又は収入役が首長に提出する
・決算書類：①歳入歳出決算書
　　　　　　　歳入歳出予算の款、項について計上する。目、節は付属明細書の歳入歳出決算事項別明細書に記載。
　　　　　②決算に添付する書類
　　　　　　・歳入歳出決算事項明細書：歳入歳出予算事項明細書に対応してより詳細に表示する。
　　　　　　・実質収支に関する調書：単年度の実質収支を明示する。
　　　　　　・財産に関する調書：公有財産（土地及び建物,山林,動産など）、物品、債権、基金につき年度中の変動を記載。
　　　　　　・主要な施策の成果を説明する書類：主要事業の執行状況など。
　　　　　③その他
　　　　　　各自治体で必要と認める書類で決算説明書、決算参考書などが作成されている。

1-2 決算書の内容

　　自治体の決算は、基本的には予算対比の決算である。決算書として作成しなければならないのは、歳入歳出決算書、歳入歳出事項別明細書、実質収支に関する調書、財産に関する調書である。このうち歳入歳出決算書と歳入歳出事項別明細書は、△年度○○市（町,村）決算書として一冊にまとめられて作成されることが多い。この決算書は、人口10万人程度の中都市ではおよそ500ページにおよぶ。実質収支に関する調書と財産に関する調書は、それほどの分量はない。具体例としては、以下のようであり、歳入歳出決算書は「款」「項」までの決算額、歳入歳出事項別明細書は「目」「節」までが記載されている。

歳入歳出決算書

平成11年度田浦町一般会計歳入歳出決算事項別明細書

（単位：円）

歳入

款	項	目	当初予算額	補正予算額	継続費及び繰越事業費繰越財源充当額	計	節 区分	節 金額	調定額	収入済額	不納欠損額	収入未済額	備考
1 町税			349,185,000	15,485,000	0	364,670,000			385,689,536	368,093,805	104,000	17,491,731	
	1 町民税		118,283,000	12,110,000	0	130,393,000			141,746,193	134,029,895	40,000	7,676,298	
		1 個人	85,783,000	3,210,000	0	88,993,000			97,910,293	93,060,695	0	4,849,598	
							1現年課税分	87,793,000	92,733,690	92,233,316	0	500,374	均等割 3,169,008 所得割 89,064,308
							2滞納繰越分	1,200,000	5,176,603	827,379	0	4,349,224	
		2 法人	32,500,000	8,900,000	0	41,400,000			43,835,900	40,969,200	40,000	2,826,700	
							1現年課税分	40,800,000	41,170,500	40,963,200	0	207,300	均等割 8,313,200 法人税割 32,650,000
							2滞納繰越分	600,000	2,665,400	6,000	40,000	2,619,400	
	2 固定資産税	1 固定資産税	195,906,000	3,800,000	0	199,706,000			211,395,583	201,684,150	64,000	9,647,433	
			195,600,000	3,800,000	0	199,400,000			211,088,383	201,376,950	64,000	9,647,433	
							1現年課税分	198,200,000	202,382,300	200,969,900	0	1,412,400	土地 52,949,873 家屋 92,441,330 償却資産 55,578,697
							2滞納繰越分	1,200,000	8,706,083	407,050	64,000	8,235,033	
		2 国有資産等所在市町村交付金	306,000	0	0	306,000			307,200	307,200	0	0	
							1現年課税分	306,000	307,200	307,200	0	0	営林局 254,800 熊本県 52,400
	3 軽自動車税	3 軽自動車税	7,220,000	0	0	7,220,000			7,440,900	7,272,900	0	168,000	
			7,220,000	0	0	7,220,000	1現年課税分	7,440,900	7,272,900	0	168,000		
							2滞納繰越分	7,200,000	7,339,100	7,246,500	0	92,600	軽自動車 (1920台)
	4 町たばこ税	4 町たばこ税	20,000,000	△2,000,000	0	18,000,000		20,000	101,800	26,400	0	75,400	
			20,000,000	△2,000,000	0	18,000,000			17,475,410	17,475,410	0	0	
									17,475,410	17,475,410			
							1現年課税分	18,000,000	17,475,410	17,475,410			町たばこ税

歳入歳出事項明細書

平成11年度田浦町一般会計歳入歳出決算書

歳入 (単位：円)

款		項		予算現額	調定額	収入済額	不納欠損額	収入未済額	予算現額と収入済額との比較
1	町税			364,670,000	385,689,536	368,093,805	104,000	17,491,731	△3,423,805
		1	町民税	130,393,000	141,746,193	134,029,895	40,000	7,676,298	△3,636,895
		2	固定資産税	199,706,000	211,395,583	201,684,150	64,000	9,647,433	△1,978,150
		3	軽自動車税	7,220,000	7,440,900	7,272,900	0	168,000	△52,900
		4	町たばこ税	18,000,000	17,475,410	17,475,410	0	0	524,590
		5	鉱産税	1,000	0	0	0	0	1,000
		6	特別土地保有税	3,150,000	1,575,700	1,575,700	0	0	1,574,300
		7	入湯税	6,200,000	6,055,750	6,055,750	0	0	144,250
2	地方譲与税			24,602,000	24,602,000	24,602,000	0	0	0
		1	自動車重量譲与税	15,468,000	15,468,000	15,468,000	0	0	0
		2	地方道路譲与税	9,134,000	9,134,000	9,134,000	0	0	0
3	利子割交付金			2,761,000	2,761,000	2,761,000	0	0	0
		1	利子割交付金	2,761,000	2,761,000	2,761,000	0	0	0
4	地方消費税交付金			41,913,000	41,913,000	41,913,000	0	0	0
		1	地方消費税交付金	41,913,000	41,913,000	41,913,000	0	0	0
5	自動車取得税交付金			10,603,000	10,603,000	10,603,000	0	0	0
		1	自動車取得税交付金	10,603,000	10,603,000	10,603,000	0	0	0
6	地方特例交付金			6,963,000	6,963,000	6,963,000	0	0	0
		1	地方特例交付金	6,963,000	6,963,000	6,963,000	0	0	0
7	地方交付税			1,795,253,00	1,795,253,00	1,795,253,00	0	0	0
		1	地方交付税	0	0	0	0	0	0
8	交通安全対策特別交付金			1,795,253,00	1,795,253,00	1,795,253,00	0	0	0

歳出 (単位：円)

款		項		予算現額	支出済額	翌年度繰越額	不納欠損額	予算現額と支出済額との比較
1	議会費			88,012,000	86,993,383	0	1,018,617	1,018,617
		1	議会費	88,012,000	86,993,383	0	1,018,617	1,018,617
2	総務費			576,474,000	566,093,638	0	10,380,362	10,380,362
		1	総務管理費	479,628,000	471,560,213	0	8,067,787	8,067,787
		2	徴税費	46,559,000	45,888,343	0	670,657	670,657
		3	戸籍住民基本台帳費	32,434,000	32,255,018	0	178,982	178,982
		4	選挙費	15,214,000	14,391,001	0	822,999	822,999
		5	統計調査費	1,271,000	1,224,527	0	46,473	46,473
		6	監査委員費	1,368,000	774,536	0	593,464	593,464
3	民生費			802,097,000	778,545,920	18,347,000	5,204,080	5,204,080
		1	社会福祉費	666,302,000	643,822,625	18,347,000	4,132,375	4,132,375
		2	児童福祉費	135,788,000	134,716,846	0	1,071,154	1,071,154
		3	災害救助費	7,000	6,449	0	551	551
4	衛生費			155,198,000	152,606,432	0	2,591,568	2,591,568
		1	保健衛生費	102,100,000	100,227,131	0	1,872,869	1,872,869
		2	清掃費	53,098,000	52,379,301	0	718,699	718,699
5	農林水産業費			706,622,000	701,439,944	0	5,182,056	5,182,056
		1	農業費	645,422,000	641,982,640	0	3,439,360	3,439,360
		2	林業費	34,282,000	33,150,545	0	1,131,455	1,131,455
		3	水産業費	26,918,000	26,306,759	0	611,241	611,241
6	商工費			153,903,000	152,811,845	0	1,091,155	1,091,155
		1	商工費	153,903,000	152,811,845	0	1,091,155	1,091,155

実質収支に関する調書

平成11年度実質収支に関する調書

一般会計 （単位：円）

区　　　　　分		金　　額
1 歳　入　総　額		3,608,506,329
2 歳　出　総　額		3,515,353,426
3 歳入歳出差引額		93,152,903
4 翌年度へ繰越すべき財源	(1) 継続費逓次繰越額	0
	(2) 繰越明許費繰越額	11,790,000
	(3) 事故繰越し繰越額	0
	計	11,790,000
5 実　質　収　支　額		81,362,903
6 実質収支額のうち地方自治法第233条の2の規定による基金繰入額		0

財産に関する調書

1　公有財産

(1) 土地及び建物

区分			土　地（地積）			建						物		
						本　造（延面積）			非木造（延面積）			延　面　積　計		
			前年度末現在高	決算年度中増減高	決算年度末現在高	前年度末現在高	決算年度中増減高	決算年度末現在高	前年度末現在高	決算年度中増減高	決算年度末現在高	前年度末現在高	決算年度中増減高	決算年度末現在高
			m²	m²	m²	m²	m²	m²	m²	m²	m²	m²	m²	m²
行政財産	公用財産	本庁舎	4,252	0	6,191	0	0	0	2,742	16	2,758	2,742	16	2,758
		消防施設	1,234	84	1,318	17	0	17	0	0	0	17	0	17
		学校	38,751	0	38,751	10	0	10	12,801	0	12,801	12,811	0	12,811
	公共用財産	公営住宅	42,880	103	42,983	4,241	0	4,241	4,924	0	4,924	9,165	0	9,165
		公園	610,928	0	610,928	2,059	0	2,059	1,903	0	1,903	3,962	0	3,962
		その他の施設	174,549	△232	174,317	1,720	180	1,900	6,896	△45	6,851	8,616	135	8,751
普通財産		売払用又は交換用等	35,257	9,289	44,546	632	△365	267	0	0	0	632	△365	267
合　計			909,790	9,244	919,034	8,679	△185	8,494	29,266	△29	29,237	37,945	△214	37,731

2　決算と会計区分

2-1　会計区分と決算書類

　歳入歳出決算書は、一般会計と特別会計について作成されるが、特別会計には多種多様な事業があり、決算書も公営企業など特定の事業については企業と同じような財務諸表を作成している。会計区分とそれぞれで作成される決算書を整理してみよう。

　一般会計とは、一般的な行政サービスにかかわる会計区分である。この一般会計では、地方税や国からの補助金である地方交付税交付金や国庫支出金あるいは地方債などの収入を財源として、これを教育、福祉、道路整備、環境衛生などの一般的行政サービスに支出している。収入と支出、歳入と歳出の用語の違いは、前者は単に金額上の出入りであるのに対し、後者はある会計年度内の収入と支出を意味している。

　一方、特別会計とは、特定の収入で特定のサービスを賄う事業について経理をする会計である。特別会計は、自治体が必要と認めれば議会の議決で設置することができる。ただし、右表にまとめてあるように、特定の事業については法令で特別会計の設置が義務づけられているものがある。

　一般会計で作成される決算書は、歳入歳出決算書など前ページで見たとおりであるが、特別会計では、公営企業会計のうち財務の規定が適用される事業については、企業会計に準じて決算報告書（予算決算対照表）、貸借対照表、損益計算書、剰余金計算書又は欠損金計算書、剰余金処分計算書又は欠損金処分計算書の作成が義務づけられている。また添付書類として、証書類、事業報告書、収益費用明細書などがある。

　一般会計の決算書は、広報誌などをつうじて住民に概要をわ

かりやすく公表されている。しかし特別会計の決算については、歳入歳出の総額が公表される程度で、内容はほとんど明示されていない。自治体の財政は、一般会計を中心に運営されているが、国民健康保険特別会計や下水道特別会計など多くの自治体

会計区分と決算書類

会計区分				決算書類
一般会計				歳入歳出決算書、歳入歳出決算事項明細書、実質収支に関する調書、財産に関する調書等
特別会計	設置義務なし		・公営事業以外の事業で条例で設置：市街地再開発事業、埋立事業、下水道事業、用地取得事業など	歳入歳出決算書、証書類等
	設置義務あり（事業を行う場合）	公営企業	・**地方公営企業法適用**：工事用水道、自動車運送、地方鉄道、電気、ガス、病院 ・**条例による法適用**：下水道、観光施設、と畜、港湾整備、市場など	決算報告書、貸借対照表、損益計算書、剰余金計算書又は欠損金計算書等
		公営事業	・老人保健医療事業 ・国民健康保険事業 ・公益質屋事業 ・介護保険事業 ・公立大学病院事業 ・収益事業：競馬、競輪、宝くじなど ・農業改良資金助成 ・母子福祉貸付金 など	歳入歳出決算書、証書類等

で多額の赤字を計上しており、この赤字は一般会計から補填されている。自治体の財政状況の本質を理解するには、特別会計を含めて見る必要がある。また最近、自治体が出資している第3セクターで巨額を負債を抱えて破綻する例が見られるが、第3セクターや公社、公団などについても、その出資の割合や債務保証をしている法人については、その情報を公表する必要がある。第3セクターの財政状況は、住民の知らない間にどんどん悪化し、最悪の状態で公表されるケースが目立っている。

2-2 会計の仕組み

　予算から決算まで、財政資金を計算し記録し報告するのが政府の会計＝公会計の役割である。公会計という言葉はあまり聞き慣れないであろうが、最近のバランスシートの作成や行政評価の導入に際して、実はそのあり方を考えなければならない重要な仕組みである。公会計の基本的な仕組みは、現金の出入りだけを勘定する現金主義という、いわば大福帳式のスタイルが全く変わることなく明治の創設期から今日まで使われている。

　今日の財政は、国民生活に重大な影響を及ぼしていることから、財政資金の計算と記録と報告はより正確で財政運営に役に立つ仕組みでなければならないはずである。ところが、記録は現金の収支のみであるから、価値の減少をともなうようなコストの計算や資産・負債のストックの在り高が報告されない。そのため、事業の真のコストがわからず、また自治体が保有している資産の価値が明示されないなど、公会計制度の遅れによる問題が指摘されてきている。

　イギリスやアメリカでは以前より公会計の問題が論じられてきた。そのため、ヨーロッパの先進諸国を含めて、公会計制度の抜本的改革が進められてきた。改革の内容は、従来の現金主義会計を企業会計で使われている発生主義会計へ改めることである。企業会計で使われている発生主義会計は、現金支出をともなわない経済的な価値の変動についても、その発生した時点で認識し計算して記録する方式である。発生主義会計では、資産価値の減少を減価償却費として計上でき、また偶発的な損失に備えるために退職給与引当金など引当金の計上が可能となる。発生主義会計は、対象とする組織の経済活動をより実態に即して会計情報を伝えてくれるため、真の政策コストが把握でき、より有用な政策決定に寄与することができる。

自治体会計と企業会計

区分	自治体会計		企 業 会 計
	一般会計	公営企業会計	
会計の目的	合法規に基づいて歳計現金を正確に記録し報告すること	企業会計に準じて適正な原価情報を提供すること	公正で妥当と認められる原則に基づいて企業の経営成績と財政状態を明らかにすること
利害関係者	主として住民	住民、債権者等	株主、投資家、債権者等
会計方式	官庁会計方式 記帳方式：単式簿記 認識基準：現金主義 測定基準：原価主義	企業会計に準ずる 記帳方法：複式簿記 認識基準：発生主義 測定基準：原価主義	企業会計方式 記帳方式：複式簿記 認識基準：発生主義 測定基準：原価又は時価主義
財務報告の種類	・歳入歳出決算書 ・歳入歳出決算事項明細書 ・実質収支に関する調書 ・財産に関する調書 ・その他	・決算報告書 ・損益計算書 ・剰余金計算書又は欠損金計算書 ・貸借対照表 ・剰余金処分計算書又は欠損金処理計算書 ・貸借対照表	・損益計算書 ・貸借対照表 ・営業報告書（商法上） ・利益処分案又は損失処理案 ・付属明細書
情報公開	・毎年1回予算と決算の要綱を公表 ・毎年2回以上財政状況を公表	・自治体の首長に報告義務を負い事業ごとの公表はない	・官報、事業報告等により公表（商法上） ・有価証券報告書、決算短信等により公表（証券取引法上）

（参考）
・自治体財務会計の規定
地方自治法第9章「財務」（第208条から第243条）

① 会計年度及び会計の区分：4月から3月、一般会計と特別会計の区分など

② 予算：総計予算主義、継続費、繰越明許費、債務負担行為、補正予算など

③ 収入：地方税、分担金、使用料、手数料、地方債など

④ 支出：経費の支弁,支出の方法、寄付又は補助など

⑤ 決算：出納長又は収入役の調製,監査委員の審査、議会の認定など

⑥ 契約：競争入札による契約の締結、契約の履行の確保など

⑦ 現金及び有価証券：金融機関の指定、現金出納の検査、保管など

⑧ 時効：金銭債権の消滅時効、時効の中断など

⑨ 財産：公有財産の範囲、物品、債権、基金など

⑩ 住民による監査請求及び訴訟：住民監査請求,、住民訴訟など

⑪ 雑則：職員の賠償責任、財政状況の公表、財産の運営に関する事項など

応用編

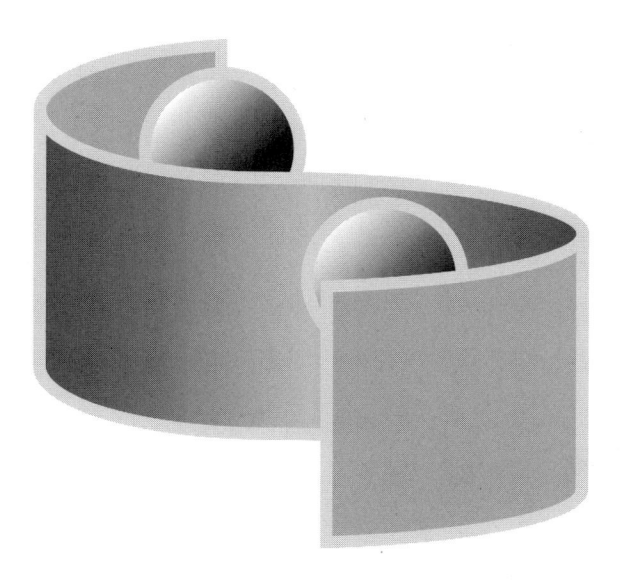

I 自治体の財政診断

1 決算統計の読み方

1-1 決算統計とは

　地方自治体は、もう一つの決算書として、決算統計を毎年度作成している。これは、総務省が地方財政の統計をとるために、全国の自治体に同じ様式で決算統計（「地方自治法等の規定に基づく地方公共団体の報告に関する総理府令」）としてまとめ提出させているものである。決算統計は、自治体の財務に関しておよそ70余りの表からなる「地方財政状況調査表」と、それをまとめた「決算概況」からなる。

　決算統計では、これまでみた一般会計と特別会計とは異なる会計区分である。自治体では特別会計の設置が任意であるため、この区分では全国で同じ様式の決算統計とならない。そのため、決算統計上の区分として、地方公営企業法に定められた公営企業と国民健康保険特別会計など特別会計の設置が義務付けられている事業をまとめて公営事業会計とし、それ以外の特別会計を含む一般会計を普通会計とする会計区分が設けられている。この会計区分で作成された決算統計が「地方財政白書」などの統計書として公表されるのである。

　次頁が自治体の会計区分と決算統計上の会計区分の違いを、図にしたものである。

「応用編」 Ⅰ　自治体の財政診断

〔自治体の会計区分〕　　　　　　　　〔決算統計上の会計区分〕

自治体の会計区分		決算統計上の会計区分
一般会計	一般行政	普通会計
特別会計	下水道事業 市街地整備事業 母子福祉事業 など	
	国民健康保険事業 介護保険事業 競輪事業 工事用水事業 地方鉄道事業 電気事業 ガス事業 など	公営事業会計

「応用編」 I 自治体の財政診断

1-2 決算統計の内容

　　　　決算統計のうち「決算概況」は、通常は「決算状況（調）」（通称決算カードと呼んでいる）と書かれた1つの表にまとめられている。様式は必ずしも統一されていないが、記載される内容は、普通会計について歳入歳出総額、実質収支、実質単年度収支、標準財政規模、財政力指数、経常収支比率、公債費比率、積立金現在高、地方債現在高、歳入内訳、性質別歳出内訳、目的別歳出内訳、市町村税内訳などの財政データのほか、人口、産業構造、公共施設の整備状況など自治体の社会経済状況についても若干のデータがある。

　　　　また「地方財政状況調査表」は、決算収支の状況、歳入内訳、収入の状況、市町村税の徴収実績、基金の状況、土地開発基金の状況、国民健康保険事業会計決算の状況など70余りの表からなっている。

決算状況

（例）									番　号	27
平成11年度 決算状況					コード番号	12271		市町村類型	Ⅲ-5	
					市町村名		浦安市	交付税種地区　分	Ⅱ10	
	人　口		面　積	人口密度	人口集中地区人口		産　業　構　造			
国勢調査	7年	123,654人	km²	人	7年国調	122,876人	区　分	第1次	第2次	第3次
	2年	115,675人	16.98	7,282	2年国調	110,112人	就業人口 7年国調	69人	13,994人	52,760人
	増減率	6.9%						0.1%	20.9%	79.0%
住民基本台帳	12.3.31	127,474人	40.4.1意向の合併等の状況				2年国調	81人	14,806人	43,998人
	11.3.31	126,057人						0.1%	25.2%	74.7%
	増減率	1.1%								
区　　分			平成11年度	平成10年度	増減額	増減率	区　　　　　分	財　政　指　数　等		
1. 歳 入 総 額			51,893,346	51,626,634	267,012	0.5%	財 政 力 指 数			1,407
2. 歳 出 総 額			49,601,558	50,430,183	△828,625	△1.6	実 質 収 支			4.7%
3. 差　　　引					95,637	91.6				

「応用編」 I　自治体の財政診断

地方財政状況調査表

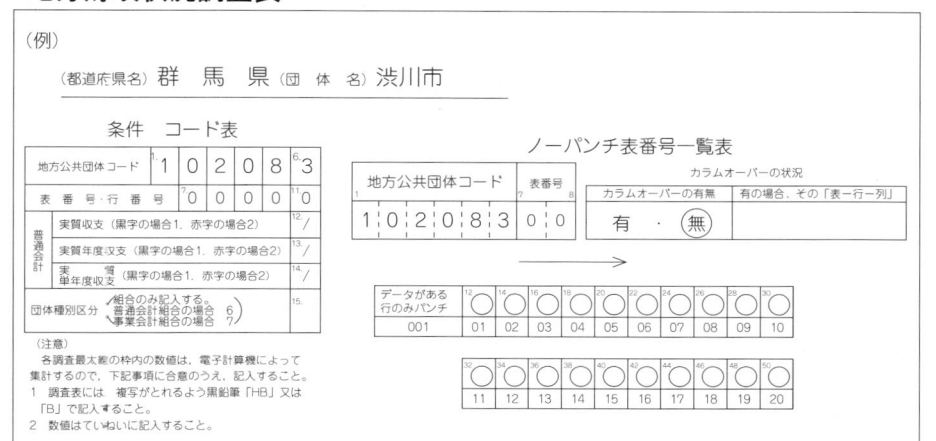

(例)

(都道府県名) 群　馬　県 (団体名) 渋川市

条件　コード表

地方公共団体コード	1	0	2	0	8	3
表番号・行番号	0	0	0	0	1	0

普通会計
- 実質収支（黒字の場合1．赤字の場合2） 12./
- 実質年度収支（黒字の場合1．赤字の場合2） 13./
- 実質単年度収支（黒字の場合1．赤字の場合2） 14./

団体種別区分（組合のみ記入する。普通会計組合の場合　6　事業会計組合の場合　7） 15.

(注意)
　各調査最大枠内の数値は、電子計算機によって集計するので、下記事項に合意のうえ、記入すること。
1　調査表には　複写がとれるよう黒鉛筆「HB」又は「B」で記入すること。
2　数値はていねいに記入すること。

ノーパンチ表番号一覧表

地方公共団体コード						表番号		カラムオーバーの状況	
1	0	2	0	8	3	0	0	カラムオーバーの有無	有の場合、その「表-行-列」
								有 ・ (無)	

データがある行のみパンチ	12○	14○	16○	18○	20○	22○	24○	26○	28○	30○
001	01	02	03	04	05	06	07	08	09	10

	32○	34○	36○	38○	40○	42○	44○	46○	48○	50○
	11	12	13	14	15	16	17	18	19	20

1-3　財政診断のための指数等の知識

　　決算統計の目的は、地方財政全体の統計をまとめることと、国と地方の財政調整（地方交付税や補助金の算定、地方債の許可など）に必要なデータを得ることである。そのため、必ずしも自治体の財政状況の実態を表すような指数でないものがある。しかし、全国共通の会計区分と、地方財政に関する指数等が整備されているので、財政診断を行う場合は通常は決算統計を用いる。

　また決算統計は、それ自体は外部報告を目的としていないから、それを読み込むにはかなり専門的な知識が必要となる。

　そこで、財政診断をするための予備知識として、「決算状況」に登場する用語を分析手順に従って説明しておこう。

①財政収支を診る指数

　　財政運営の結果は財政収支として表される。財政収支は、形式収支、実質収支、単年度収支、実質単年度収支に分けられる。形式収支は、歳入総額と歳出総額の差額であり、年度中の現金収支の差額を表している。公会計は現金の出入りのみを集計するので、形式収支は現金主義による決算収支である。形式収支から翌年度に繰越すべき財源である継続費や繰越明許費などを控除すると、実質収支となる。実質収支からさらに前年度の実質収支を控除すると、単年度収支となる。

　　自治体の収支は黒字を計上する必要はなく、均衡していることが望ましい。実質収支を標準財政規模で割った値を実質収支比率という。実質収支比率は、経験的に3〜5％程度の黒字であれば財政運営は適正であると診断される。

歳　入　総　額
　－歳　出　総　額
　　　差　　引　　額＝形式収支
　－翌年度へ繰越すべき財源（継続費、繰越明許費、事故
　　　　　　　　　　　　　　繰越など）
　　　差　　引　　額＝実質収支
　－前年度の実質収支
　　　差　　引　　額＝単年度収支
　＋基　金　積　立　額
　－基　金　取　崩　額
　＋地方債繰上償還額
　　　加　　除　　額＝実質単年度収支

継続費：２年以上支出する経費を予め予算で定め、その年
　　　　割額の経費
繰越明許費：年度内に支出の終わらない見込みのものにつ
　　　　　　き次年度に繰越す経費
事故繰越：やむをえない事由により次年度に繰越す経費

実質収支比率＝ $\dfrac{実質収支}{標準財政規模}$ ×100

標準財政規模とは、一般財源でみた財政規模のこと
標準財政規模＝普通交付税＋地方税収×100／75＋譲与税等
　　　　　　　　　　　　　　　　　　　（市町村の場合）

②財政力の強弱を診る指数

　財政の強弱の基準は、財政力指数によって測られる。財政力指数は１を基準にこれを超えるほど豊かであるとみなされ、１を下回ると財政力は弱いとされる。これは普通地方交付税の交付・不交付の基準であり、１未満の自治体にはその程度に応じて交付税が交付される。

- 財政力指数：財政力を判断する指数で下式から計算されるが、指数は実質的な意味はなく普通地方交付税の算定基準

$$\text{財政力指数} = \frac{\text{基準財政収入額}}{\text{基準財政需要額}} \quad \text{(過去3年間の平均値)}$$

基準財政収入額≒総務省が基準とする標準的な行政サービスを行うのに必要な額

基準財政需要額≒標準税率で徴収しうる地方税の額
　　　　ただし、地方税の額は、市町村は75/100
　　　　都道府県は85/100で算定

③財政構造を診る指数

財政構造はできるだけ弾力的であることが望ましい。弾力的とは、税と普通交付税など一般財源が経常的経費の財源としてどのくらい使われているかを測り、この値が低いほど他の臨時的支出に備えることができるという意味で弾力的と判断する。

- 経常収支比率：経常的経費に充当された一般財源が経常一般財源に占める割合。低いほどよい。

$$\text{経常収支比率} = \frac{\text{経常的経費充当一般財源}}{\text{経常一般財源総額}} \times 100$$

経常的経費充当一般財源＝経常的経費に使われた一般財源
経常一般財源＝歳入のうち経常一般財源とされる額

④歳入構造を診る指数

歳入は地方税で賄える割合が高いほど財政に自主性が保てるが、100％地方税で歳入を確保することは不可能であり、財源を一定の基準で区分して歳入構造を明らかにする。自主的に確保できる財源が多いほど財政の自由度が高くなる。

・自主財源と依存財源：自主調達の程度による区分
　　自主財源＝自らの権能で調達可能な財源で、地方税、手数料・使用料、財産収入等
　　依存財源＝他の決定により収入される財源で、交付税、国県支出金、地方債等
　　自主財源割合＝自主財源÷歳入総額
・一般財源と特定財源：使途の拘束による区分
　　一般財源＝使途が自由な財源で、地方税、地方譲与税、普通交付税等
　　特定財源＝使途が特定された財政で、国県支出金、地方債等
　　一般財源割合＝一般財源÷歳入総額

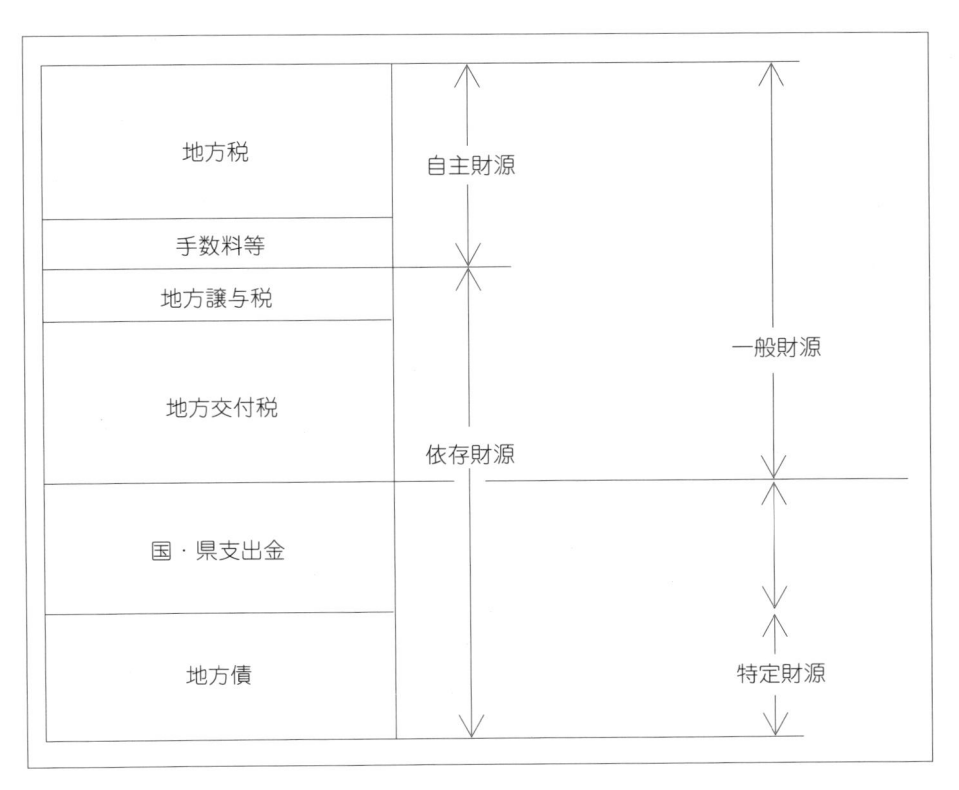

地方税	自主財源	一般財源
手数料等		
地方譲与税	依存財源	
地方交付税		
国・県支出金		特定財源
地方債		

⑤歳出構造を診る指数

財政の健全性を診断できるよう経費を区分して、投資的経費や支出が義務づけられていない経費がどのくらい確保されているかの割合などで経費構造を明らかにして健全性を診る。

・経常的経費と投資的経費：支出効果が１年を超えるか否かの区分

　　消費的経費＝年度内で消費する経費で、人件費、公債費、物件費等

　　投資的経費＝次年度以降も支出の効果がある経費で、投資的経費、積立金、出資金等

　　投資的経費割合＝投資的経費÷歳出総額

・義務的経費と経常的経費：法令等で支出が義務づけられているか否かの区分

　　義務的経費＝義務的に支出される経費で、人件費＋扶助費＋公債費の合計

　　経常的経費＝義務的経費以外の経費

　　義務的経費割合＝義務的経費÷歳出総額

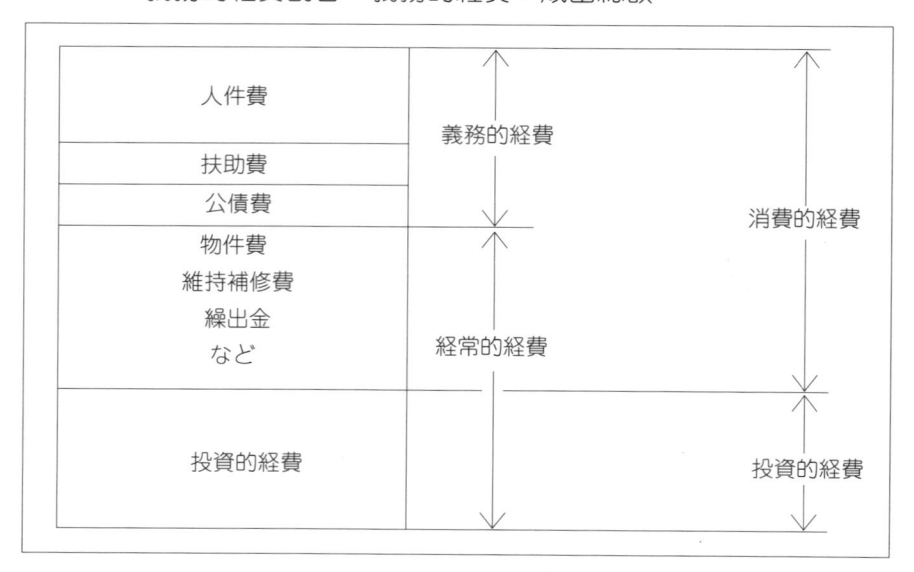

歳出内訳	義務/経常区分	消費/投資区分
人件費	義務的経費	消費的経費
扶助費	義務的経費	消費的経費
公債費	義務的経費	消費的経費
物件費／維持補修費／繰出金　など	経常的経費	消費的経費
投資的経費	経常的経費	投資的経費

⑥借金の程度を診る指数

地方債の元利償還費である公債費は適正に管理する必要があり、公債費を償還財源との関係でいくつかの指数として表し、起債が過多とならないよう国は一定の制限比率を設けている。公債費に関する比率は、公債費比率、公債費負担比率、地方債許可制限比率、地方債現在高がある。地方債許可制限比率は20％を超えると一般単独事業等の起債が制限され、さらに30％を超えると一般事業の起債もできなくなる。

・公債費比率：地方債の元利償還金である公債費が標準財政規模に占める割合

　およそ15％以内が目途

$$公債費負担比率（\%）＝\frac{公債費充当一般財源}{一般財源総額}×100$$

・公債費負担比率：公債費に充当された一般財源の一般財源総額に占める割合

　20％を超えると起債が制限される

$$公債費比率（\%）＝\frac{A－(B＋C)}{D－C}×100$$

・地方債許可制限比率（起債制限比率）：過大の起債を制限するために設けられた指数

　20％以上30％未満で一般単独事業債、30％以上で一般事業債の起債が制限される

起債制限比率＝次の算式による比率の過去3年間の平均
$$\frac{A'－(B＋C＋E)}{D－(C＋E)}×100$$

A：普通会計にかかわる元利償還金（転貸債分及び繰上償還分を除く）
A'：普通会計にかかわる元利償還金（公営企業債分及び繰上償還分を除く）
B：A又はA'に充てられた特定財源
C：普通交付税の算定において災害復旧費等として基準財政需要額に算入され

　　　　た公債費
　D：標準財政規模
　E：普通交付税の算定において事業費補正により基準財政需要額に算入された
　　　公債費

⑦性質別経費項目の内容
・人件費：職員等の勤務に対して支払われる一切の経費等
・扶助費：生活保護、児童・老人福祉等の被扶助者に支払われる経費等
・公債費：地方債の元利償還金と一時借入金の利子等
・物件費：委託料、旅費、交際費等
・維持補修費：公共施設等の維持補修の経費等
・繰出金：特別会計等の他会計への資金の移出等
・普通建設事業費：道路、橋梁、下水道等の社会資本建設のための経費等

⑧目的別経費項目の内容
・総務費：行政運営のための経費等
・議会費：議員報酬や議会関係の経費等
・教育費：義務教育と高等学校教育の教職員給与や校舎建設維持の経費
・土木費：道路、橋梁、下水道等の社会資本建設に関わる経費等

⑨収入項目の内容
・地方税：地方税法に規定されている一切の税の収入
・地方譲与税：本来地方税であるが便宜上国が徴収して後に一定の基準で自治体に譲与するもので、消費譲与税、地方道路譲与税、自動車重量税などがある
・地方交付税：国から支出される使途の決められていない補助金で、財政力指数が１を下回る自治体に交付さ

　　　　　　れる普通交付税と、特別の事由により交付され
　　　　　　る特別交付税がある
・国庫支出金：国から支出される使途の決められた補助金
・繰入金：特別会計等の他会計からの資金の移入等
・地方債：1年以上の借入金等

2　財政診断の試み

2-1　決算統計の具体例

　82～85頁の表は、A町の「決算状況」である。決算状況の表し方は、自治体によって多少異なっているが、記載事項については同じである。

　まず上段からみると、市町村のコード番号、市町村名、市町村類型、交付税種地区分が記されている。このうち、市町村類型は、人口と産業構造について分類した区分類型である。詳しくは、類似団体との比較分析のところで解説してある。また交付税種地区分は、総務省が地方交付税の算定基準として、地域の特性等に基づいて区分したものである。

　決算状況は、普通会計の決算である。公営事業会計の決算については、下の方の欄に会計名とその歳入歳出額、実質収支、普通会計からの繰入額のみが記されている。公営事業会計の詳細については、決算統計ではなく、特別会計歳入歳出決算書および同事項明細書に載せられている。またその下の一部事務組合とは、ごみ収集や病院、火葬場など他の市町村と共同で事務を行うために設置する特別地方公共団体のことで、負担金はその組合に支払った金額である。

　決算状況の決算値は、特に指定がない限り千円単位で表示されている。歳入総額、歳出総額、その差引き、実質収支等は前年度との対比で記されている。指数等は、前述の基準によってそれぞれの単位で算出されている。また歳入の内訳は、「款」に対応した科目で決算額とその構成比および対前年度の増減率、それに経常一般財源に計上される額が載せられている。一方、歳出の内訳は、経済的性質による支出科目の性質別歳出と、行政目的による支出科目の目的別歳出について、それぞれ決算

額、構成比、対前年度増減率、それにそのうち一般財源および経常一般財源で賄った額と、そこから算出した経常収支比率が記されている。さらに市町村税については、「項」の科目についても決算額、構成比、対前年度増減率が載せられている。また地方税の徴収率が記されているのは、徴収率が90％を下回るほど徴収実績の悪い団体は、地方債の発行が制限されるからである。

2-2　A町の財政診断

　A町の「決算状況」をもとに財政診断を試みてみよう。

　はじめにA町の町勢概要を述べておくと、首都圏のはずれに位置しながらも、首都への勤労世帯の増加とともに都市型の発展を遂げてきたまちである。しかし、最近は人口も減少傾向にあり魅力あるまちづくりに向けて模索しているところである。

　さて、会計は公営事業会計として国民健康保険、老人健康保険、下水道の3つが設置されている。いずれも他会計からの繰入れがなければ実質収支は大幅な赤字となり、医療財政の悪化と下水道事業の負担を一般財源でカヴァーしている様子が読み取れる。

　財政収支をみると、実質収支は黒字で実質収支比率は5.5%である。この比率はほぼ正常の範囲にあり、財政収支に関しては適正であると判断できる。

財政の豊かでは、財政力指数は0.573である。1をかなり下回っているが、全国の町村の財政力指数の平成10年度平均は0.34であり、それから比べると高い。これは就業人口が第3次に多く、また市町村民税のうち個人分が5割近くを占めていることから、給与所得者の多いことが寄与しているものと推察できる。

　財政構造については、経常収支比率をみると87.8%である。全国の市町村平均は85.3%であるから、若干高いがほぼ平均的な位置にある。経常収支比率は全国的にも年々高まっており、平成2年度は68.7%であった。

　公債費の状況については、公債費負担比率は15.7%、地方債許可制限比率は10.6%である。いずれも起債が制限されるほど高くない。全国の市町村の公債費負担比率は15.8%、地方債許可制限比率は10.7%であり、ほぼ全国平均並の状況にある。ま

た地方債現在高は121億円余りであり、財政規模の2倍近く積み上がっているが、この規模はそれほど多くなく、地方債の発行は適正になされていると診断できる。

　歳出構造については、性質別歳出では、まず人件費＋扶助費＋公債費の義務的経費の割合が重要である。義務的経費割合は45.2％を占めてかなり高い値を示しているが、これは人件費が29.6％と高いことが影響している。そのため、投資的経費は13.1％と低い。もっとも、対前年度の増加率がマイナス78.9％と異常に減少していることからみると、大きな事業が前年度で終わったか当年度が事業計画のないときであったとも考えられる。投資的経費は、年度によって変化が大きく単年度だけでみるのではなく、経年比較することが必要がある。そのほか、物件費が22.2％と高いが、物件費は最近委託料などが増えてどこも増える傾向にあり、これ以上高くならないよう注意する必要がある。

　目的別歳出については、どのような政策に支出されたかをみるとができる。最も構成比が高いのは、総務費で26.2％であるが、これは庁舎の維持管理や給与などで消費的経費であり、できるだけ抑える必要がある。つぎに教育費が17.2％であり、小中学校を中心とした校舎維持費や教職員給与である。なお目的別歳出の構成については、その自治体の社会経済状況等によって政策も異なり、比率の高低で診断できるものは少ない。

　歳入構造については、地方税の割合が46.4％である。4割自治である。町村財政で税収がの4割を占めるのは比較的多いほうである。地方交付税は33.3％を占めている。歳入総額は約69億円でそのうち経常一般財源は約52億円であり、経常一般財源の割合は83％が確保されている。

　A町の財政診断を総合的に判断すると、首都の近郊ということもあり、収入面では比較的安定的であるが、支出面でやや硬

「応用編」 I 自治体の財政診断

平成10年度 決算状況

							番号	39
				コード番号	123293	市町村類型		IV-4
				市町村名	A町	10年度交付税地区分		Z-IV

人口		面積	人口密度	人口集中地区人口		産業構造					
				7年国調	7,517人	区分	第1次		第2次		第3次
国調	7年25615人 2年22493人 増加率13.9%	32.21km²	795人	2年国調	7,242人	7年国調	778人	6.6%	2,932人	24.8%	8,115人 68.6%
住民基本台帳	11.3.31 26064人 10.3.31 26182人 増加率△0.5			40.4.1以降の合併状況		就業人口 2年国調	955人	9.9%	2,660人	27.6%	6,023人 62.5%

区分		平成10年度	平成9年度	増加額	増加率	区分	指数等
1. 歳入総額	Ⓐ	8,473,677	7,483,558	990,119	13.2	基準財政需要額	5,157,870
2. 歳出総額	Ⓑ	8,154,932	7,182,456	972,476	13.5	基準財政収入額	2,640,138
3. 差引Ⓐ-Ⓑ	Ⓒ	318,745	301,102	17,643	5.9	標準財政規模	5,988,593
4. 翌年度へ繰越すべき財源	Ⓓ	112,825	30,782	82,043	266.5	財政力指数	0.531
5. 実質収支Ⓒ-Ⓓ	Ⓔ	㋐ 205,920	㋑ 270,320	△64,400	△23.8	実質収支比率	3.4%
6. 単年度収支	Ⓕ	㋐-㋑ △64,400	209	△64,609	△30913.4	経常収支比率	89.8%
						公債費比率	19.1%
						(債務負担行為を含む比率)	25.7%
						公債費負担比率	17.8%
						地方債許可制限比率	11.2%
7. 積立金	Ⓖ	138,476	152,338	△13,862	△9.1	債務負担行為現在高	5.5%
						積立金現在高	654,666
8. 繰上償還金	Ⓗ	20,150		20,150	皆減	うち財政調整基金	376,150

82

「応用編」Ⅰ 自治体の財政診断

9. 積立金とりくずし額 ⑪		170,000	150,000	20,000			地方債現在高		11,633,798		
10. 実質単年度収支 ⑧+⑨+⑩-⑪		△95,924	22,697	△118,621	△522.6		債務負担行為支出予定額		1,257,736		
							収益事業収入額				

会計名	法適用の有無	歳入(総収益)	歳出(総費用)	実施収支(総損益)	普通会計からの繰入額		区分		職員数	1人当りの支給月額円
国保特別会計	無	1,254,462	1,164,588	89,874	73,829	一般職員	一般職員		303	302,646
老人保険特別会計	無	1,562,872	1,533,430	29,442	104,772		うち技能労務職員		25	219,000
下水道特別会計	無	890,340	817,257	73,083	280,000		うち消防職員		47	266,255
						職員等	教育公務員			
							臨時職員			
							合計		303	302,646

			左のうち投資的経費充当				区分	改定実施年月日	1人当り平均給料(報酬)月額円
		負担金		指定団体等の状況		特別職	市町村長	7,4,1	810,000
							助役	〃	670,000
組合名							収入役	〃	640,000
印西地区環境整備事務組合		476,220	221,358	首都			教育長	〃	640,000
印西地区衛生組合		52,957		広域近郊整備			議会議長	〃	360,000
千葉県市町村総合事務組合		7,192		都市開発			副議長	〃	295,000
印旛郡市町村広域圏		11,898	666	低開発			議員	〃	275,000
印旛伝染病院組合		888	605	山振					
千葉県自治センター		1,119		農工					
印旛利根川水防事務組合		2,577		リゾート					
				半島振興					

83

「応用編」 Ⅰ 自治体の財政診断

番号	39						類型		Ⅳ-4				
市町村名	A町												
	歳 入					区 分		決算費	性質別歳出		一般財源等	経常経費充当一般	経常収支比率
区 分	決算額	構成比	増加率	経常一般財源					構成比	増加率			
地 方 税	3,019,916	35.6%	△ 0.3%	2,790,391		人 件 費		2,191,154	26.9%	4.5%	219,592	2,109,167	36.2%
地方譲与税	112,021	1.3	△ 20.5	112,021		うち職員給		1,641,454	20.1	5.8	1,563,052	1,637,451	28.1
利子割交付金	22,672	0.3	△ 17.8	22,672		扶 助 費		380,888	4.7	508.4	106,110	106,110	1.8
地方消費税交付金	185,975	2.2	381.2	185,975		公 債 費		1,249,202	15.3	9.3	1,249,202	1,249,202	21.5
ゴルフ場利用税交付金	30,396	0.4	△ 7.3	30,396		内訳 元利償還金		1,249,202	15.3	9.3	1,249,202	1,249,202	21.5
特別消費税交付金	175		6.7	175		一時借入金利子							
自動車取得税交付金	100,939	1.2	△ 13.4	100,939		義務的経費小計		3,821,244	46.9	15.7	3,464,704	3,464,479	59.5
軽油取引税交付金						物 件 費		1,276,408	15.7	△20.1	985,451	904,458	15.5
国有提供交付金						維 持 補 修 費		43,924	0.5	47.6	43,924	43,924	0.8
地方交付税	2,654,387	31.3	6.1	2,508,164		補 助 費 等		826,078	10.1	7.4	799,586	562,445	9.7
内訳 普 通	2,508,164	29.6	6.2	2,508,164		経常的経費の繰出金		255,857	3.1	28.4	248,454	248,454	4.3
特 別	146,223	1.7	3.6			経常的経費小計		6,223,511	76.3	5.5	5,542,319	5,223,760	89.8
小 計	6,126,481	72.3	4.1	5,750,733		積 立 金		139,575	1.7	△14.8	136,371	経常経費充当一般財源	
交通安全交付金	4,741	0.1	△ 1.8	4,741		投資及出資貸付金		35,661	0.4	73.3	12,861	5,223,760千円	
分担金・負担金	77,048	0.9	5.3			繰出金（経常的繰出金を除く）						投資的経費充当一般財源	
使 用 料	58,124	0.7	3	19,651		前年度繰上充用						786,397千円	
手 数 料	35,092	0.4	230.1			投資的経費		208,634	2.6	△ 9.7	208,634	一般財源	
国 庫 支 出 金	254,723	3	68			うち人件費		1,547,551	19	78.3	885,411	786,397千円	
県 支 出 金	196,886	2.3	4.4			投資的経費		1,547,551	19	78.3	885,411	投資的経費充当一般	
財 産 収 入	35,556	0.4	213.1	5,123		内訳 補 助		113,991	1.4	△ 2.5	113,991	財源（除、債務負担）	
寄 附 金	345		△ 4.2			単 独		1,547,551	19	78.3	885,411	786,397千円	
繰 入 金	170,000	2	△ 0.1			普通建設事業費		19,500	0.2	△47.7	9,472	経常一般財源	
繰 越 金	301,102	3.6	0.3			内訳		1,528,051	18.7	84	875,939		

84

「応用編」 Ⅰ　自治体の財政診断

諸収入	413,579	4.9%	0.8%	5818695千円 一般財源総額
地方債	800,000	9.4	265.8	7016104千円 一般財源等総額
合計	8,473,677	100	13.2	

内訳：災害復旧事業費 38,447／失業対策事業費　／合計 5,818,695

市町村税

区分	決算額	構成比	増加率	超過課税分収入済額
市町村民税 個人分	1,344,078	44.5%	△7.2%	
法人分	95,886	3.2	△14.7	
固定資産税	1,225,042	40.5	8.7	
軽自動車税	20,930	0.7	1.7	
市町村たばこ税	87,590	2.9	0.6	
鉱産税				
特別土地保有税	16,865	0.6	△14.0	
法定外普通税・旧法税				
目的税計	229,525	7.6	8.1	
内訳 入場税				
都市計画税	229,525	7.6	8.1	
事業所税				
合計	3,019,916	100	△0.3	

徴収率

区分	現年課税分	滞納繰越分	合計
市町村民税	98.6%	16.4%	93.3%
固定資産税	95.8	18.9	85.9
合計	97.3	18.0	89.7

市町村税

区分	金額	構成比	増加率	一般財源等
議会費	121,955	1.5%	1.4%	121,955
総務費	1,798,434	22	2.4	1,691,514
民生費	806,082	9.9	15.6	484,832
衛生費	984,793	12.1	9.2	910,408
労働費				
農林水産業費	145,001	1.8	△6.0	129,911
商工費	87,699	1.1	14.8	68,023
土木費	1,010,779	12.4	18.4	799,874
消防費	675,311	8.3	78.4	395,219
教育費	1,275,179	15.6	16.0	934,135
災害復旧費				
公債費	1,249,699	15.3	9.3	1,249,699
諸支出金				
前年度繰上充用				
合計	8,154,932	100.0	13.5	6,785,570

公共施設の整備状況

道路舗装率	63.7%
道路改良率	56.5%
上水道等普及率	84.5%
下水道普及率（人口）	79.7%
し尿収集率	8.7%
し尿衛生処理率	100%
ごみ収集費	83.6%
ごみ焼却処理率	88.2%
保育所収容率	123.7%
幼稚園収容率	97.2%
小学校非木造比率	99.6%
中学校非木造比率	100%

直化している。人件費や物件費の割合が高いのは、企業でいえばリストラが迫られてきていると言える。自治体も資金を効率的に支出する義務は住民に対して負っているのであるから、これらの数値はできるだけ改善を図っていく必要があることは言うまでもないことである。

2-3　類似団体との比較診断

　市町村類似団体とは、人口規模と産業構造をもとに都市と町村について下記のように区分したものである。それぞれの区分に該当する自治体のうちから平均的なものを選定し、その平均値を財政指数等について集計したものが『市町村類似団体指数表』として公表されている。それぞれの自治体の財政指数等を類似団体指数と比較することにより、人口と産業構造の似通った自治体の平均値と比較して、特徴なり動向を探ることができる。総務省は『市町村類似団体指数表』を毎年作成して公表している。

　表は、A町の類似団体類型Ⅵ－4について『市町村類似団体指数表』の数値と比較して示したものである。この指数表には、「決算状況」の項目について類似団体の平均値が載せられているので、比較しながら財政診断ができる。

　比較した表をみると、まず財政規模に関しては、A町は類似団体の中では若干小さいが、問題とするほどのことではない、収支に関しても、適正の範囲内である。しかし財政構造を比べると、経常収支比率と公債費関係の指数が高く、地方債残高も多くやや硬直ぎみとなっている。そして収支構造は、税収入は多少ウエイトが高いものの、支出が給料や公債費に押されて義務的経費の割合が類似団体より10％ポイント高い数値を示しており、当該年度の支出構造は消費的経費に多くが支出されたということができる。義務的経費の削減が求められている。

　ただ類似団体との比較は、あくまで類似団体の平均的な数値と比べたものであり、それが基準でもなければあるべき数値でもないことに留意する必要がある。

人口規模と産業構造による類似団体数

都　市

人　口 \ 産業構造	類型	Ⅱ次、Ⅲ次95％以上		Ⅱ次、Ⅲ次85％以上～95％未満		Ⅱ次、Ⅲ次85％未満		計
		Ⅲ次65％以上	Ⅲ次65％未満	Ⅲ次55％以上	Ⅲ次55％未満	Ⅲ次50％以上	Ⅲ次50％未満	
		5	4	3	2	1	0	
35,000人　未満	0	3(4)	3(4)	17(21)	20(25)	28(31)	17(21)	88(106)
35,000～55,000人以上　人未満	Ⅰ	5(6)	25(27)	42(47)	51(58)	8(9)	6(6)	137(153)
55,000～80,000	Ⅱ	21(27)	35(44)	33(38)	22(24)	1(1)	1(1)	113(135)
80,000～130,000	Ⅲ	25(27)	36(47)	21(26)	12(14)	－(－)	－(－)	94(114)
130,000～230,000	Ⅳ	19(29)	20(30)	9(9)	2(2)	1(1)	－(－)	51(71)
230,000～430,000	Ⅴ	22(28)	13(20)	7(7)	1(1)	－(－)	－(－)	43(56)
430,000人以上	Ⅵ	12(17)	5(6)	－(－)	－(－)	－(－)	－(－)	17(23)
計		107(138)	137(178)	129(148)	108(124)	38(42)	24(28)	543(658)

町　村

人　口 \ 産業構造	類型	Ⅱ次、Ⅲ次85％以上		Ⅱ次、Ⅲ次75％以上～85％未満	Ⅱ次、Ⅲ次65％以上～75％未満	Ⅱ次、Ⅲ次65％未満	計
		Ⅲ次55％以上	Ⅲ次55％未満				
		4	3	2	1	0	
35,00人　未満	0	26(37)	37(46)	89(111)	96(108)	71(81)	319(383)
35,00～5,500人以上　人未満	Ⅰ	15(20)	43(53)	119(136)	108(114)	64(76)	349(399)
5,500～5,500	Ⅱ	23(28)	90(102)	152(164)	97(109)	59(67)	421(470)
8,000～13,000	Ⅲ	63(73)	178(190)	185(201)	94(107)	27(27)	547(598)
13,000～18,000	Ⅳ	51(64)	93(103)	75(81)	42(43)	10(11)	271(302)
18,000～23,000	Ⅴ	59(65)	54(58)	37(41)	11(11)	3(3)	164(178)
23,000～28,000	Ⅵ	38(39)	41(42)	19(20)	1(1)	1(1)	100(103)
28,000～35,000	Ⅶ	33(37)	26(29)	5(5)	1(1)	－(－)	65(72)
35,000人以上	Ⅷ	30(35)	10(18)	3(4)	－(－)	－(－)	43(57)
計		338(398)	572(641)	684(763)	450(494)	235(266)	2,279(2,562)

（注）① 都市及び町村とも（ ）外は選定団体数、（ ）内は該当団体数を示す。
　　② 人口及び産業構造は平成7年国勢調査によって。なお、産業構造の比率は、分母を就業人口総数（分類不能の産業を含む。）とし、分子のⅡ次、Ⅲ次の就業人口には分類不能の産業を含めずに算出している。
　　③ 市町村数は平成11年3月31日現在によった。
　　④ 選定団体が1団体しかない類型については、指数表を作成していない。

A町の類似団体比較分析

(千円)

区　　分	A町の決算値	類似団体Ⅳ−4の値	類団と比較して
・財政規模に関する比較			小さい
・歳出総額	8,154,932	9,307,901	
・歳入総額	8,473,677	9,687,239	
・標準財政規模	5,988,593	5,593,778	
・収支に関する比較			ほぼ同じ
・実質収支	205,920	249,941.0	
・実質収支比率	3.4	4.5	
・財政構造に関する比較			やや硬直
・財政力指数	0.531	0.560	
・経常収支比率	89.8	80.0	
・公債費負担比率	17.8	15.1	
・公債費比率	19.1	11.1	
・地方債残高	11,633,798	8,860,538	
・積立金残高	654,666	295,186	
・収入構造の比較			少し税収多い
・地方税割合	35.6	30.0	
・1人当地方税	115.9	110.0	
・一般財源割合	72.3	60.5	
・経費構造の比較			義務的経費が多く投資経費少ない
・義務的経費割合	46.9	36.9	
・1人当義務的経費	146.6	129.0	
・投資的経費割合	19.0	25.3	
・1人当投資的経費	59.4	89.1	
・地方債割合	9.4	9.3	
・1人当地方債	30.7	34.0	
・教育費割合	15.6	14.6	
・1人当教育費	48.9	51.5	
・土木費割合	12.4	16.1	
・1人当土木費	38.8	56.8	

Ⅱ　バランスシートの読み方と作り方

1　バランスシートの読み方

1-1　バランスシートの意味

　企業は決算で毎期バランスシート（貸借対照表）を作成している。バランスシートは、年度末に企業が保有している資産と負債とそれらの差額である資本を表した一覧表で、企業の財政状態を示している。バランスシートは、損益計算書と並んで重要な財務諸表の1つである。企業が発表する財務諸表は、株主が投資したり銀行が融資する際にはその企業の価値を判断するための重要な会計情報である。

　企業会計では、バランスシートの目的を3つあげている。第1は、企業の解散価値として残余財産を表示すること。第2は、期間損益計算のために資産と負債の収益力と費用を表示すること。第3は、資金の調達先と運用先を表示すること。

　バランスシートは、それぞれの目的により資産の評価方法や表示方法が異なる。第1の残余財産の表示では、企業の解散を前提にしており、ここでは国際会計基準は資産評価に時価主義の導入を求めている。また第2の期間損益計算では、取得原価をベースに資産のコストである減価償却費や引当損の計上が行われる。そして第3の資金の調達と運用では、資産は資金の投下対象であるから取得原価で評価される。

　企業のバランスシートを勘定形式で示すと表のようである。借方（左の欄）に現金、預金、土地、建物などの資産を記載し、貸方（右の欄）に借入金、引当金などの負債を記載して、その差額を資本として計上して表す。また資産の部は、現金化が1年以内かそれを超えるかの1年基準で流動資産と固定資産に分

け、同様に負債の部も1年を基準に返済期間で流動負債と固定負債に分けて表示する。

バランスシートであるから、借方と貸方はバランス=均衡する。すなわち、資産残高が負債残高を上回ればプラスの資本が計上される。逆に、負債残高が資産残高を上回ればマイナスの資本となる。資本は企業の所有者である株主の持分を意味するから、資本がプラスであれば株主にとって持分は確保されていることになる。しかし、資本がマイナスであれば、債務超過を意味し持分はなく、企業にとっても存続が危なくなる。

企業のバランスシート

貸借対照表
(平成××年3月31日現在)

資産の部		負債及び資本の部	
科目	金額	科目	金額
流動資産	(×××)	流動負債	(×××)
現金預金	×××	買入債務	×××
売上債権	×××	短期借入金	×××
棚卸資産	×××	固定負債	(×××)
貸付金	×××	長期借入金	×××
貸倒引当金	△×××	退職給与引当金	×××
固定資産	(×××)	負債合計	×××
有形固定資産	×××	資本金	×××
無形固定資産	×××	利益準備金	×××
投資等	(×××)	その他剰余金	×××
投資有価証券	×××	(うち、当期利益)	(×××)
子会社株式	×××	資本合計	×××
資産合計	×××	負債・資本合計	×××

1-2 自治体のバランスシートの考え方

　　自治体でバランスシートの作成が試みられてきた背景の１つは、自治体の決算に資産・負債の明確なストック情報がなく、自治体はどれだけの財産を持っているかを金額によって明らかにしようという求めがあった。戦後の地方財政は、国の財政を上回って拡大し続け、それに伴い地方財政が抱える公共施設と地方債残高も膨れてきた。にもかかわらず、自治体が保有する公共施設は数量表示のみで、金額による会計管理が全くなされてこなかった。そのため、公共施設の建設、維持管理が資金とコストとの関係でまったく明らかにされず、公共投資が非効率になされてきた疑念がもたれてきたのである。また監査の面からも、行政の経済性・効率性・効果性の３Ｅ監査が注目されるようになり、そのためにより精緻な会計情報が必要になってきたのである。

　しかし、バランスシートはもともと企業会計で発展してきたものである。営利企業と自治体の違いは、その存立目的が"利潤の追求"と"公共の福祉の増進"という根本的なところにある。したがって、営利企業用のバランスシートを同じ会計基準で作成しても利用できないし、このことを整理しておかないと大きなミスリーディングを招いてしまう。

　自治体と企業のバランスシートの違いについては、つぎのことが指摘できる。

　　第１は、自治体は企業とは根本的にその存立目的が異なる。
　　　　→バランスシートの目的の問題、あるいは資本と負債の差額の意味
　　第２は、自治体には株主に相当する所有者がいない。したがって、資本という概念があてはまらない。→資本金の扱いの問題

第3は、自治体が管理する道路,橋梁,下水道などの社会資本は、もともと市場性がなく価格をつけることが不可能である。→インフラ資産の評価の問題

第4は、自治体には、国や県など他の政府からの補助金という企業にはない資金がある。→補助金の会計処理の問題

そこで第1の目的の問題は、自治体のバランスシートは資金の調達先と運用先を表示する目的として考えるべきである。解散は前提にしていないし、期間損益という概念もなからである。

第2の資本金の扱いの問題は、住民は強制的に地方税が徴収され自治体への帰属もないわけであるから、資本金はない。したがって資産と負債の差額は、正味資産・負債ないし単に差額として表示するしかない。第3のインフラ資産の評価の問題は、公会計をどう考えるかにかかっている。イギリスやニュージーランドのように公会計も企業会計に準じて考えるべきであるとするならば、インフラであってもできるだけ時価で評価し資産として計上する。一方、アメリカのように公会計を企業会計とは異なるものとする考えにたてば、遺跡や公園、軍事施設などはバランスシートには計上せず、また公共施設など評価しても取得原価で評価することになる。この問題は、学問的にもまだ十分には議論されていない。第4の補助金の問題は、これまでのところ便宜的に正味資産の項目に入れられている。

このように、自治体のバランスシートをどう考えるかについては、実際のところまだよく分からないのが実情である。それゆえに、自治体でせっかくバランスシートを作成しても、有効に利用できないのである。ただバランスシート作りで先進のイギリスでは、3E監査に利用したり、経年比較することで資産・負債の増減を政策との関連で分析している。わが国で利用方途を考えるなら、まず継続的にバランスシートを作成していくことが重要である。企業のバランスシートでも、変化を読むこと

で財政状態の姿がみえてくる。自治体のバランスシートも、継続することで行政評価に利用したり、また行政コスト計算書やキャッシュフロー計算書（資金収支計算書）を併せて作成することで真の財政状況を読みとることができ、より有用な財政分析ができるようになる。

　国も自治体も国民に歳入歳出予算決算を公表することが義務づけられている。例年、年末になると翌年度の国の予算が大蔵原案として報道される。各方面から予算分析がなされ、来年度の公共事業や社会保障事業の予算額に評価が下される。この言うなれば現金主義予算は、ダイレクトに支出予定額を表しているので非常に明瞭であり実感的である。現金主義予算は住民にとっても分かりやすい。これを発生主義予算に転換する必要性はない。英国で2001年度から導入が予定されている資源予算も、従来の現金主義予算は継続して作成されることになっている。

　発生主義会計の情報は、自治体にとっては、業績管理システムにおいて意思決定や費用便益分析、あるいはインフラの計画的な更新に利用すべきであろう。また財務管理としては、キャッシュフロー計算書が有用である。キャッシュフロー計算書は、現行の決算書を組み替えれば容易に作成できる。そして行政コスト計算書は、民間と事業コストを比較することを可能にするといったことがあげられよう。

住民と自治体にとっての会計情報

住民		自治体
行政サービス能力 行政コスト情報 資金運用情報	←[発生主義会計情報]→ ●バランスシート ●行政コスト計算書 ←[現金主義会計情報]→ ●キャッシュフロー計算書	〈業績管理サイクル〉 成果／業績情報→意思決定 費用便益分析 インフラ更新管理 〈財務管理〉 資金フロー情報→資金運用

1-3　自治体のバランスシートの読み方

　　バランスシートを会計データから作成するためには、複式簿記による記帳と発生主義会計の採用が必要となる。しかし、わが国の公会計制度を直ちに改革することは望みえないので、現行の決算制度を前提にしたバランスシートの作成が昭和60年頃から試みられてきた。したがって、自治体で作成されているバランスシートは、会計手続きから作成されたものではなく、あくまで現行制度のもとで便宜的に作られたものである。

　　これまで、多くの自治体でバランスシートが作成されている。表は武蔵野市のバランスシートである。平成8年度から10年度まで3年間を表示している。バランスシートを利用した財政分析では、単年度の資産、負債、正味財産（負債）を財政規模や相互の値で割って構成割合をみて分析したり、年度間の増減を調べてそれぞれの動向を分析するなど、ストックの現状や形成状況を診断することができる。

　　武蔵野市のバランスシートを利用してストックの診断をしてみよう。平成10年度の武蔵野市の資産合計は、2,187億3,318万円である。これに対して負債合計は、483億348万円である。したがって正味財産は、1,704億2,970億円である。これ自体にそれほどの意味があるわけではない。正味財産が多いことと豊かであることとイコールではない。要は、負債から資金の調達先─地方債残高、翌年度地方債返済高、未払金など─を読み取り、資産からその運用先─道路、庁舎、土地、基金など─を対応して検討することが重要なのである。固定資産の形成とその資金である固定負債と国庫支出金等の調達先の関係をみると、おおよそ固定資産を負債・正味資産合計で割った値で求められるから、平成10年度は88.5％である。この値は武蔵野市だけで意味があり、経年比較することで読むことができる。平

「応用編」 Ⅱ バランスシートの読み方と作り方

武蔵野市比較貸借対照表（平成8年度・9年度・10年度）

(単位：千円)

借　方	平成8年度	平成9年度	平成10年度	貸　方	平成8年度	平成9年度	平成10年度
【資産の部】				【負債の部】			
1．流動資産				1．流動負債			
(1) 歳計現金（形式収支）	2,668,483	1,510,286	2,462,549	(1) 市債翌年度償還予定額	2,138,421	2,621,509	2,541,424
(2) 財政調整基金	4,100,315	5,121,829	5,300,116	①固定資産形成分	2,138,421	2,311,469	2,218,227
(3) 市税等未収金	3,084,294	3,129,983	2,902,903	②減税補てん分	0	310,040	323,197
(4) 貸倒引当金	△174,702	△312,915	△532,034	(2) 市税等未払金	1,313	2,624	1,040
流動資産合計	9,678,390	9,449,183	10,133,534	流動負債合計	2,139,734	2,624,133	2,542,464
2．固定資産				2．固定負債			
(1) 土地	120,008,141	23,475,466	128,878,252	(1) 市債（翌年度償還予定額を除く）	28,446,982	26,871,281	27,755,057
①道路・橋りょう	60,151,144	62,156,169	63,991,099	①固定資産形成分	21,816,482	19,653,021	19,874,294
②行政財産	46,163,046	47,625,346	53,108,732	②減税補てん分	6,630,500	7,218,260	7,880,763
③普通財産	13,693,951	13,693,951	11,778,421	(2) 退職給与引当金	19,623,357	19,605,669	18,005,967
(2) 建物・構築物	64,723,476	63,920,988	63,101,128				
①道路・橋りょう	19,202,165	19,244,244	19,257,822				
②行政財産	45,158,729	44,326,110	43,504,621				
③普通財産	362,582	350,634	338,685				
(3) 備品・車両	1,168,268	1,081,143	984,532	固定負債合計	48,070,339	46,476,950	45,761,024
①備品	680,730	578,273	510,015	負債合計	50,210,073	49,101,083	48,303,488
②車両	487,538	502,870	474,517				
(4) 事業負担金	399,431	493,497	555,487				
固定資産合計	186,299,316	188,971,094	193,519,399	【正味財産の部】			
3．投資その他				(1) 国・都支出金	17,306,594	17,574,263	19,286,711
(1) 出資金及び有価証券	2,193,236	2,213,331	2,213,871	(2) 分担金・負担金	49,109	46,950	44,791
①出資金（出えん金）	2,132,636	2,152,731	2,153,271	(3) 積立金	15,777,163	17,412,171	17,528,670
②有価証券	60,600	60,600	60,600	(4) 資産形成一般財源	127,111,701	129,437,315	133,569,529
(2) 貸付金	606,850	647,832	637,831				
(3) 基金	11,676,848	12,290,342	12,228,554				
投資その他合計	14,476,934	15,151,505	15,080,256	正味財産合計	160,244,567	164,470,699	170,429,701
資産合計	210,454,640	213,571,782	218,733,189	負債・正味財産合計	210,454,640	213,571,782	218,733,189

【注　記】

＊1　債務負担行為は以下のとおりです。

(単位：千円)

項目	平成8年度	平成9年度	平成10年度
(1) 工事請負契約など	23,107,955	20,118,644	21,076,203
(2) 債務保証など	32,169,548	29,221,548	29,634,318

＊2　固定資産の減価償却累計額は以下のとおりです。

(単位：千円)

項　目	平成8年度	平成9年度	平成10年度
(1) 建物・構築物	20,421,669	22,477,897	24,702,732
①道路・橋りょう	6,311,114	7,161,557	8,041,751
②行政財産	13,940,724	15,134,561	16,467,253
③普通財産	169,831	181,779	193,728
(2) 備品・車両	588,080	621,849	693,482
①備品	404,541	409,129	463,450
②車両	183,539	212,720	230,032
(3) 事業負担金	809,229	858,771	914,468

成8、9年度の値はそれぞれ88.4％と同じであり、資産形成への資金手当ては変化してないということになる。またもし他の自治体と比較するのであれば、固定資産を標準財政規模で割ることで共通の分母でみることができる。この場合は、相対的に数値の多寡で固定資産のウェイトを比較することになる。

　また、固定資産の減価償却累計額から資産の更新時が明らかになり、計画的な資金運用ができる。そして経年比較や歳入歳出決算書と突き合せることで、投資的経費と固定資産の形成の関連を知ることができる。例えば、平成10年度の車両の簿価は4億7,451万円であり、減価償却累計額は2億3,003万円であるから、車両全体の残存価値は半分ということになる。

　さて、バランスシートはストックのみの情報であるが、これに行政コスト計算書とキャッシュフロー計算書である資金収支計算書を併せて作成することで、バランスシートがより有効に活用できる。行政コスト計算書は、人件費、地方債利子などの現金支出を伴う経費のほか、固定資産の減価償却費や職員の退職給与引当損など発生コストも含めて計上されるため、ストックに対応した真のコストがわかる。また資金収支計算書は、資金の収支を行政活動・投資活動・財務活動に区分して表示されるため、それぞれの資金過不足が明らかになり、資金調達の適正な運用方途を検討することができる。

2 バランスシートの作り方

2-1 総務省のバランスシート作成マニュアル

　平成12年3月、当時の自治省は、多くの自治体でバランスシートを作成しはじめていることから、作成基準を統一してバランスシート間の比較を可能とするために、研究会を組織して「地方公共団体の総合的な財政分析に関する調査研究会報告書」を公表した。自治体がそれぞれ任意にバランスシートを作成していたので、国として一応の作成マニュアルを示したものである。その後、当時の大蔵省も同年10月に「国の貸借対照表」を公表し、大きな反響を呼んだ。

　ここでは、同マニュアルについて解説しよう。マニュアルは資料編の資料2に載せてあるので、それを参考にしながらみていこう。

　バランスシートの具体的な作成方法は、資料2にかなり詳細に解説されている。基本的には従来の決算統計を使ってバランスシートを作成することに変わりはない。すなわち、作成の基本的前提として、普通会計を対象とし、固定と流動の区分は一年基準とする。配列は企業会計とは異なり、固定資産を最初に表示する固定性配列法とする。バランスシートの作成基準日は会計年度最終日すなわち3月31日とする。出納整理期間については、作成基準日までに終了したものとして処理する。基礎数値は、昭和44年度以降の決算統計データを用いる。有形資産の耐用年数は、当面は公共用途ごとに決めた耐用年数を用いるなどである。

　つぎにバランスシートの項目については、まず資産は、有形固定資産、投資等及び流動資産に分けて表示し、有形固定資産の評価は税金等の資金の運用形態を表す観点から取得原価によ

ることとしている。またその際、国等から受けた補助金等の扱いについては、取得原価に含めるものとしている。そして有形固定資産の表示方法は、財産運営に役立つものにするため、行政目的別の区分を指示している。

一方負債については、固定負債と流動負債に分けて表示し、さらに固定負債は地方債、退職給与引当金及び債務負担行為、流動負債は地方債翌年度償還予定額と翌年度繰上充用金に分類して表示するよう求めている。このうち退職給与引当金は、年度末に職員全員が普通退職したと想定し、その際の要支給額を引当計上するものとしている。また債務負担行為は、これ自体は確定債務ではなく、将来の支出の約束であり、会計上の債務ではないが、住民への重要な情報であるので計上することとしている。

そして資産と負債の差額は正味資産として表示し、資本等の名称は自治体に適切ではないとしている。正味資産は、国庫支出金、都道府県支出金、一般財源等に分類される。この正味資産はしたがって、資産のうち地方債残高等を控除した分であるから、税金や国からの補助金によって取得している金額を表している。

さて、こうして作成されるバランスシートを利用して、以下のような財務分析が可能であるとしている。

(1) 社会資本形成の世代間負担比率

$$\frac{正味資産}{有形固定資産}=これまでの世代が負担した社会資本の比率$$

$$\frac{負債}{有形固定資産}=これまでの世代が負担する社会資本の比率$$

(2) 予算額対資産比率

$$\frac{資産}{歳入合計}=現有社会資本形成に要する年数$$

(3) 有形固定資産の行政目的別割合

$$\frac{総務費}{有形固定資産}=有形固定資産に占める総務目的資産の割合$$

$$\frac{土木費}{有形固定資産}=有形固定資産に占める土木目的資産の割合$$

(4) 有形固定資産の行政目的別経年比較

$$\frac{N年度}{有形固定資産}\frac{総務費}{} \quad \frac{N+1年度}{有形固定資産}\frac{総務費}{} \quad \frac{N+2年度}{〃}\frac{〃}{} \quad \cdots$$

(5) 住民一人当りバランスシート

$$\frac{有形固定資産}{人口}=住民1人当り社会資本$$

$$\frac{負債}{人口}=住民1人当り負債$$

「応用編」 Ⅱ　バランスシートの読み方と作り方

平成10年度バランスシート
（平成11年3月31日現在）

（単位：千円）

借　方		貸　方	
[資産の部]		[負債の部]	
1. 有形固定資産		1. 固定負債	
（1）総務費	51,636,634	（1）地方債	74,713,384
（2）民生費	15,834,639		
（3）衛生費	5,497,356	（2）債務負担行為	
（4）労働費	0	①物件の購入等	0
（5）農林水産業費	0	②債務保証又は損失補償	0
（6）商工費	1,171,338	債務負担行為計	0
（7）土木費	119,498,761		
（8）消防費	2,316,232	（3）退職給与引当金	25,685,348
（9）教育費	102,404,657		
（10）その他	3,154,898	固定負債合計	100,398,732
計	301,514,515	2. 流動負債	
（うち土地	108,733,258）		
有形固定資産合計	301,514,515	（1）翌年度償還予定額	5,291,000
2. 投資等		（2）翌年度繰上充用金	0
（1）投資及び出資金	1,066,198		
（2）貸付金	124,000	流動負債合計	5,291,000
（3）基金			
①特定目的基金	8,264,440	負債合計	105,689,732
②土地開発基金	2,000,000		
③定額運用基金	56,000		
基金計	10,320,440		
投資合計	11,510,638		
3. 流動資産		[正味資産の部]	
（1）現金・預金		1. 国庫支出金	25,708,090
①財政調整基金	6,483,462		
②減債基金	0	2. 都道府県支出金	23,634,121
③歳計現金	3,243,202		
現金・預金計	9,726,664	3. 一般財源等	171,605,961
（2）未収金			
①地方税	3,425,950	正味資産合計	220,948,172
②その他	460,137		
未収金計	3,886,087		
流動資産合計	13,612,751		
資産合計	326,637,904	負債・正味資産合計	326,637,904

Ⅲ 行政評価の考え方と作り方

1 行政評価の考え方

1-1 行政評価とは

　行政評価あるいは政策評価という用語は、必ずしも明確な定義があって使われてきたわけではない。そのため、しばしば用語が曖昧のまま使われ、混乱を招いている。最近の行政評価や政策評価導入の試みも、その目的と成果がよく分からないまま実施されているケースもある。自治体で導入され始めた行政評価について、その目的と成果をみてみよう。

　もともと自治体において"評価"は、内部の人事管理や監査において関連する程度であった。自治体の監査は長きにわたり内部監査であったから、わが国では形式的な内部牽制の役割しかもたなかった。すなわち、行政を住民や外部の関係者からチェックする仕組みがまったくなかったのである。したがって、行政は議会で決められた政策とその具体的事業計画である予算を忠実に執行さえすれば一切の責任は果たされたのである。一方、民間では企業の生き残りをかけて厳しいリストラが進められている。業績が悪くなれば責任者は首を切られる。しかし行政は、財政が火の車であるにもかかわらず業績の評価も外部からのチェックもない。ここに、行政評価を導入することの意義がある。

　行政政策なり政策評価する動きは、1980年代頃より英米を中心に始まったものである。英国では、1983年から自治体の外部監査に経済性・効率性・効果性の3Eを検証するヴァリュー・フォー・マネー（Value For Money：VFM）監査が義務付けられた。そのため、ある政策による支出が効率的になされ

たか、またその成果が住民に満足のいくものであったかを評価することが必要となってきた。そしてこれは、従来の〔計画→執行〕という単年度のみの行政運営を、〔計画→執行→評価→計画（次年度）→・・・〕というサイクルで前年度の評価を次年度の計画に反映させる新しい行政運営に発展してきたのである。この新しい行政運営は、行政に経営学の考え方を持ち込み、より効率的な運営を目指そうとするものである。これは、結果を重視する結果指向、あるいは住民を行政サービスの顧客とみなす顧客指向という考え方に基づいており、これまでの行政運営にはなかったものである。90年代に入ってこうした考え方はニュー・パブリック・マネジメント（NPM）理論としてまとめられており、これから行政運営を考える上において1つの論拠をしめしている。

1-2　行政評価の目的

　つぎに、行政評価の目的について見てみよう。これまで、ある政策について具体的な施策とそれに関わる個別事業が予算化されると、予算の獲得額が多いほど政策の支持者から評価されてきた。例えば、高齢者福祉の向上では、福祉施設の建設費やヘルパー人件費の予算増額はそれだけ高齢者対策に力を入れていると評価され、予算増額こそが評価の基準であったといってもよい。そのため、政策はつねに増額するほど評価され、減額となった事業は関連した政策の切り捨てないし後退としてマイナスの評価を受けてきた。

　こうした、増分主義ないし前例主義的な予算をつうじた政策の評価は、単に支出金額の増減のみによって評価がなされるため、ここではその支出の効果がどうであったかという結果についてはまったく問われない。支出が合法的に行われていればそれよいわけである。監査もそこに基準がおかれていた。

　そのため、このような方法で政策が評価されていれば、行政にも税金を有効に効率的に使おうという意志は働かない。そこで、支出の効果に着目し、住民にとって効果ないし成果がどれだけあったか、なかったかをチェックすることで、税金を無駄なくより有効に効果的に支出することができるようになる。これは、事業の効果ないし成果をみることで政策を評価し、それをつぎの政策に反映させれば、住民にとってより満足のいく事業が選択されることになる。

　以上のように、行政評価の目的の1つは、政策に関する意思決定を改善することである。ある政策が予算の獲得額によって評価されるのではなく、住民がいかに満足したかを基準において、政策を決定するシステムへと改善する。2つは、財政を効率化するための情報を提供することである。財源の投入対産出

に対する割合をみるのではなく、投入対成果を重視して、業績／成果主義による効率化を果たす。そして3つは、住民への説明責任＝アカウンタビリティを果たすことである。政策決定のプロセスを住民に公表し、ある政策が住民にどのくらい満足してもらったかを公表するのである。

総合計画と政策評価の体系

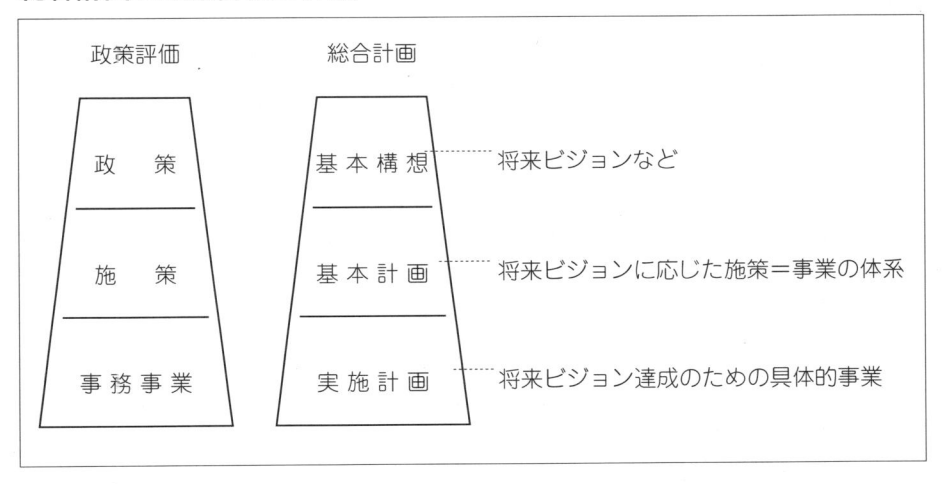

政策評価	総合計画	
政　策	基本構想	将来ビジョンなど
施　策	基本計画	将来ビジョンに応じた施策＝事業の体系
事務事業	実施計画	将来ビジョン達成のための具体的事業

〔従来の行政運営〕

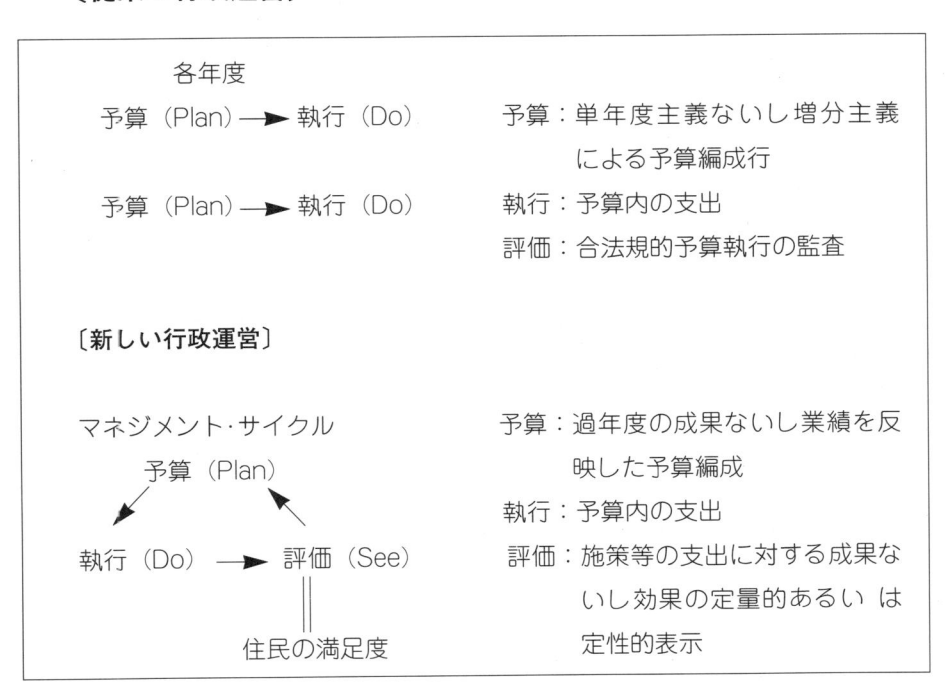

各年度
予算（Plan）→ 執行（Do）

予算（Plan）→ 執行（Do）

予算：単年度主義ないし増分主義による予算編成行
執行：予算内の支出
評価：合法規的予算執行の監査

〔新しい行政運営〕

マネジメント・サイクル
予算（Plan）→ 執行（Do）→ 評価（See）→ 予算（Plan）
評価（See）＝ 住民の満足度

予算：過年度の成果ないし業績を反映した予算編成
執行：予算内の支出
評価：施策等の支出に対する成果ないし効果の定量的あるいは定性的表示

2　行政評価の手続き

2-1　行政評価の作成手続き

　　　　行政評価の導入では、民間のシンクタンクが開発してシステム化したものや自治体が独自に開発したものなどさまざまであるが、評価制度として定着したものはまだない。そこでここでは、総務省の行政評価作成マニュアルを参考にしながら、作成の手続きをみていこう。

　　　まず行政評価手法を整理してみよう。最初に行政活動のどの分野を対象とするかである。行政活動の分野とそれぞれの評価手法は以下のように整理できる。

　　　　①規制―規制によるインパクト分析
　　　　②公共事業―費用便益分析、時のアセスメント（北海道）
　　　　③公共サービス―事務業績評価（三重県等）市場テスト
　　　　④行政活動一般―プログラム評価

つぎに評価の時期と手法による分類は以下のようである。

　　　　評価時期
　　　　①事前評価―企画立案段階
　　　　②期中評価―事業進行中
　　　　③事後評価―事業終了後
　　　　評価手法
　　　　①効率性を評価する手法―費用便益分析、費用効果分析、コスト分析
　　　　②有効性を評価する手法―業績指標、定性分析

そして評価する主体で分類するとつぎのようになる。

　　　　①内部評価―内部行政機関
　　　　②準内部評価―省庁の横断的な評価
　　　　③外部評価―第三者機関

こうした行政評価は、行政の現状を認識し、行政課題が何であるかを見つけだすための手段であり、これにより直ちに効率性・効果性が促進されるわけではないことに注意する必要がある。

つぎに、マニュアルにしたがって作成手続きをみてみよう。導入の作業は3つの段階で整理される。第1段階は企画である。第2段階は試行である。第3段階は実施である。以下にそれぞれの段階別にその手順を示していこう。

第1段階：企画段階：導入の目的をはっきりさせ、行政評価の設計図を描く。基本的方針をこの段階で明確にしておく。

　ステップ1：導入目的を明確にする
　　行政評価を導入して何をするのか、そして行政システムのなかにどう組み込むかを決める。
　ステップ2：導入体制を整備する
　　円滑に導入するために、導入の旗振り役を決める
　ステップ3：担当職員を育成する
　　先進事例や文献などで行政評価を調査研究し、理解を深める。
　ステップ4：評価試案を作成する
　　政策，施策，事務事業の体系化を図り，評価の対象範囲を決める。評価表の様式を作成し，数値目標の設定をする。これにより職員がコスト意識をもてるように作成する。
　ステップ5：庁内の意見調整を行う
　　評価を行う職員に意見を求め，必要に応じて評価試案の手直しを行う。
　ステップ6：庁内で導入の周知をする
　　首長の強いリーダーシップで導入を周知させ、職員や関係者の理解と協力をえる。

ステップ7：実施スケジュールを作成する
　　タイム・スケジュールを示し、必要に応じてフォローアップを行う。
ステップ8：推進体制を整備する
　　実施するための支援組織をつくり、行政評価のための意思決定機関を創設する。そのための人員を確保する。
ステップ9：予算を確保する
　　事務費や研修費などについて予算措置をする。

第2段階：試行段階：行政評価の設計図ができたので試行を行う。職員に評価の考え方、評価表の書き方を理解してもらい、実務的な問題点を洗い出す。この段階では、実施前の点検にあたる。

ステップ1：行政評価の試行に係る政策・施策・事務事業の体系図を作成する
　　目的と手段の関係を明確にする。目的のない事務事業は改廃の対象とする。
ステップ2：行政評価の試行を実施する
　　指標、数値目標の設定などについて議論し問題点があれば抽出する。
ステップ3：担当職員を育成する
　　先進事例等を参考にし、新たな行政運営の手法について担当職員の育成を図る。
ステップ4：評価の試行結果をふまえ体系図の見直しをする
　　結果により体系の目的と手段の関係の見直しを行う。
ステップ5：広報公聴体制を整備する
　　評価結果を住民に周知でき、住民の意見も聴取できるような体制を整備る。
ステップ6：試行結果を公表する
　　評価結果を住民に公表し、そのことで職員を啓発する。

ステップ7：行政評価の本格実施に係る予算を確保する

　試行の実績をふまえて行政評価の本格的な実施に係る予算を確保する。

第3段階：実効段階：試行によって作り上げた行政評価を実践する。これにより職員の意識改革を図る。

ステップ1：庁内全体の政策・施策・事務事業の体系図を作成する

　行政を再定義し、目的と手段の関係を再度意識させ、目的のない事務事業は改廃の対象とする。

ステップ2：行政評価を実施

　評価の指標や数値目標を見直しながら実際に評価表を職員が作成する。

ステップ3：担当職員を育成する

　先進事例等を参考にしながら目的達成度に基づいた新たな行政運営の手法を学ぶ。

ステップ4：評価結果をふまえて体系図の見直しをする

　評価結果により体系の目的と手段の関係を見直し、体系の制度を高める。

ステップ5：評価結果を公表する

　結果を住民に公表する。

ステップ6：政策・施策・事務事業の企画立案をする

　行政評価の結果をふまえて、翌年度移行の企画立案を行う。目的に対する手段の有効性・事務事業の効率性などについて議論する。

　以上の段階を経てえられた行政評価の結果は、行政内部では予算査定、組織管理、人事管理、基本構想の策定、政策等の提案などに活用し、また外部の住民や利害関係者には行政の説明責任を果たし、これにより行政の士気向上を図ることなどに利用することができる。

「応用編」 Ⅲ 行政評価の考え方と作り方

2-2 行政評価の事例

事務事業評価表

市町村名　豊川市・豊川宝飯衛生組合

事務事業	豊川市　　　　　　3④一部事務組合方式による一般廃棄物の収集・処理
	宝飯衛生組合　　　①可燃ごみ収集事業
事務事業目的	可燃ごみを焼却するため、効率的に可燃ごみを収集し、焼却場へ運搬する。
事務事業内容	住民からごみ集積場所に分別排出された可燃ごみを指定日（地区毎週2回）に収集し、焼却場へ運搬する。
実施主体	直営及び委託の併用にて実施
指標及び目標値	・可燃ごみ1t当たりの収集コスト　　　平成　年までに収集コストを　　円以下にする。
活動量	・家庭系可燃ごみ年間収集量 　年間の可燃ごみ収集日数

目標達成状況等			平成10年度	平成11年度	平成12年度	平成13年度	平成1　年度
	目標	収集コスト	円/t	円/t	円/t	円/t	円/t
	実績	収集コスト	8,237円/t	円/t	円/t	円/t	
		家庭系収集量 収集日数	33,979 t 208日	t 日	t 日	t 日	
		予算投入額 担当職員数 執務時間数	279,873千円 23人 23,404時間	千円 人 時間	千円 人 時間	千円 人 時間	

見直し実績	順次、段階的に民間委託を考えてきた。

事務事業評価	目的	効率的に収集するために、直営と民間委託等の活用とのバランスについて検討する必要がある。
	活動量	収集量及び収集日数を減らすことが、効率的な収集及びごみの減量化に直接つながるか検討する必要がある。
	コスト	収集量及び収集日数を減らすことが、コストの削減に直接つながるか検討する必要がある。

「応用編」 Ⅲ　行政評価の考え方と作り方

（1）愛知県豊川市・豊川宝飯衛生組合から提出された試行行政評価表等

本市の体系図（案）

快適でうるおいのあるまちづくり（将来ビジョン）
│
廃棄物処理（廃棄物による環境負荷の軽減）

		予算細目コード
1	ごみ減量化指導啓発	
	① 廃棄物減量等推進審議会関係事業	2910
	② ごみ減量等啓発作品コンクール事業	2901
	③ ごみステーション啓発指導委託	2901
	④ 「家庭ごみの出し方について」学習資料作成	2901
	⑤ 豊川リサイクル運動市民の会運営補助	2901
	⑥ 「清掃の日」事業	2904
2	ごみ減量推進	
	① 空き缶回収事業	2902
	② 再生資源回収事業	2902
	③ 危険ごみ回収コンテナ配布事業	2902
	④ リサイクル推進事業	2902
	⑤ 分別推進事業	2902
	⑥ マイバック運動推進事業	2902
	⑦ 有価物回収事業補助	2902
	⑧ 生ごみ処理機等購入補助	2902
	⑨ 全国都市清掃会議関係事業	2905
	⑩ 資源選別暫定施設管理運営事業	2957
3	一般廃棄物の収集・処理	
	① 不燃ごみ処理（埋立地維持管理）事業	2951・2959・2958・2953・2963
	② 一般廃棄物（し尿）収集運搬許可業務	
	③ 不法投棄防止対策	2954
	④ 一部事務組合方式による一般廃棄物の収集・処理	
	┈ 豊川宝飯衛生組合負担金（一般廃棄物の収集・処理）	2908
	┈ 宝飯地区広域市町村圏組合負担金	2908

豊川宝飯衛生組合
　一般廃棄物の収集・処理
　　　① 可燃ごみ収集事業
　　　② 可燃ごみ処理事業
　　　③ 焼却灰埋立事業
　　　④ 不燃ごみ収集事業
　　　⑤ 粗大ごみ収集事業
　　　⑥ 破砕不可粗大ごみ処理事業
　　　⑦ 危険ごみ収集事業
　　　⑧ 危険ごみ処理事業
　　　⑨ し尿処理事業
　　　⑩ リサイクル資源中間処理事業

宝飯地区広域市町村圏組合
　一般廃棄物の収集・処理
　　　① 破砕可能粗大ごみ処理事業

113

「応用編」 Ⅲ　行政評価の考え方と作り方

施策－事務事業評価表

市町村名　豊川市

施　策	豊川市　　　3　一般廃棄物の収集・処理					
施策目的	一般廃棄物を環境に配慮しつつ、効果的に処理をする。					
指標及び目標値	一般廃棄物の処理量を年間　　t 以下とし、処理に係る総コストを　　円以下とする。					
目標達成状況等						
	目標					
	実績	予算投入額 担当職員数 執務時間数	1,989,228千円 3人 2,444時間	千円 人 時間	千円 人 時間	千円 人 時間
施策目的達成のための事務事業	3　一般廃棄物の収集・処理 　①　不燃ごみ処理（埋立地維持管理）事業 　②　一般廃棄物（し尿）収集運搬許可業務 　③　不法投棄防止対策 　④　一部事務組合方式による一般廃棄物の収集・処理 　　豊川宝飯衛生組合　1,881,861,000円 　　　①　可燃ごみ収集事業 　　　②　可燃ごみ処理事業 　　　③　焼却灰埋立事業 　　　④　不燃ごみ収集事業 　　　⑤　粗大ごみ収集事業 　　　⑥　破砕不可粗大ごみ処理事業 　　　⑦　危険ごみ収集事業 　　　⑧　危険ごみ処理事業 　　　⑨　し尿処理事業 　　　⑩　リサイクル資源中間処理事業 　　宝飯地区広域市町村圏組合　22,615,000円 　　　①　破砕可能粗大ごみ処理事業					
住民等との役割分担	住　民	分別排出、排出ルールの厳守				
	都道府県	大気・水質汚染の監視				
	国	有害物質排出基準の策定、ごみ処理施設建設・設置に関する財政援助				
	その他	許可業者による処理				
事務事業実施の結果の評価						

政策－施策評価表

市町村名　豊川市

政　策	豊川市　　廃棄物処理（廃棄物による環境負荷の軽減）						
政策目的	快適でうるおいのあるまちづくりのため、住民が健康で快適な生活を営むことのできる環境を維持するため、 ①　廃棄物を可能な限り抑制する ②　日常生活で不可避的に排出される廃棄物を適切に処分する ことにより、環境負荷の軽減を図る。						
指標及び目標値	最終処分量の減 　平成　年度までに年間処分量を　t以下とする。						
目標達成状況等							
	目標						
	実績						
	予算投入額 担当職員数 執務時間数	千円 人 時間	千円 人 時間	千円 人 時間	千円 人 時間		
政策目的達成のための施策	廃棄物処理（廃棄物による環境負荷の軽減） 　1　ごみ減量化指導啓発 　2　ごみ減量推進 　3　一般廃棄物の収集・処理						
住民等との役割分担	住　民	分別排出、排出の抑制、排出ルールの厳守、自家処理					
	都道府県	大気・水質汚染の監視					
	国	有害物質排出基準の策定、ごみ処理施設建設・設置に関する財政援助					
	その他	許可業者による廃棄物の処理・再生利用 企業による再生利用可能商品の開発、容器梱包廃棄物の再商品化					
施策実施の結果の評価							

3 自治体の格付けの試み

3-1 地方債格付け

　民間の格付け会社㈱日本格付投資情報センター（R&I）が公募地方債を発行している28団体について、地方債の格付けを発表して論議を呼んだ。アメリカでは、民間・公的部門を問わず、起債に当って格付けが極めて重要な役割を果している。わが国でも民間企業の起債に際しては、流通市場での売買を前提とした債券の格付けの不可欠であるが、地方債の格付けはこれまで行われたことがなかった。しかし、地方財政が年々悪化する状況下では、自治体と言えども財務上絶対安全とはいえなくなってきたところがある。

　いったん発行された債券が流通市場で自由に売買されるためには、格付けの取得は不可欠であり、地方債であっても、流通性を高める上で格付けの導入は必要であろう。地方債格付けの目的は、地方自治体の債券の発行体として財務状況を評価すること、地方債の元利償還の確実性を評価することである。したがって、発行体の財務状況の分析を手始めに、債務返済能力に係る多面的な指標の分析を必要とする。そのためには、普通会計のみならず公営企業会計等含めた広範かつ明示的な情報開示が必要となる。企業で言う連結決算である。

　R&Iが行った地方債格付けは、現行の決算情報とヒアリングによる調査で評価したものである。評価は財務分析による結果とし、また格付けは個別の債権ではなく、発行体である自治体の財務各付けとなっている。格付けはAA+、AA、AA－の3段階である。一応わが国の自治体は国からの地方交付税や国庫支出金等の財源措置と地方債計画などによって制度的な財源保証がなされているため、地方財政は国からの制度的な保証がある

とはいえ、個々の自治体毎の財政状況は相当格差が生じていることを示している。しかし、財務に関するランク付けでは東京都のb⁺から大阪府と神戸市のeまで7段階の格差をつけている。

R&Iの地方債格付け

		格付け	財務ラン
都道府県	北海道	AA−op	e＋
	宮城県	AAop	d＋
	茨城県	AAop	c
	埼玉県	AA＋op	c＋
	千葉県	AA＋op	c
	東京都	AA＋op	b＋
	神奈川県	AAop	d＋
	新潟県	AA＋op	c＋
	長野県	AAop	d
	静岡県	AA＋op	c＋
	愛知県	AAop	c
	京都府	AA＋op	b
	大阪府	AA−op	e
	兵庫県	AA−op	e＋
	広島県	AA−op	c
	福岡県	AAop	d＋
政令指定都市	札幌市	AA＋op	b
	仙台市	AA＋op	b
	千葉市	AA＋op	c＋
	川崎市	AAop	c＋
	横浜市	AAop	c＋
	名古屋市	AAop	c＋
	京都市	AA−op	d＋
	大阪市	AAop	d＋
	神戸市	AA−op	e
	広島市	AAop	d＋
	北九州市	AA＋op	b
	福岡市	AA−op	d＋

R&I格付の定義と分布

格付け	定　義		日本企業の格付け分布	地方債の格付け分布
AAA	債務履行の確実性は最も高く、多くの優れた要素がある	AAA	24	—
AA	債務履行の確実性は極めて高く、優れた要素がある	AA＋ AA AA−	20 29 46	11 11 6
A	債務履行の確実性は高く、部分的に優れた要素がある	A＋ A A−	76 92 127	— — —
BBB	債務履行の確実性は十分であるが、将来環境が大きく変化した場合、注意すべき要素がある	BBB＋ BBB BBB−	90 126 110	— — —
BB	債務履行の確実性は当面問題ないが、将来環境が変化した場合、十分注意すべき要素がある	BB＋ BB BB−	36 13 9	— — —
B	債務履行の確実性に問題があり、絶えず注意すべき要素がある。	B＋ B B−	10 3 0	— — —
CCC	債務不履行になる可能性が大きく、将来の履行に懸念を抱かせる要素がある。	CCC＋〜	2	—
CC	債務不履行になる可能性が極めて大きく、将来の履行に強い懸念を抱かせる要素がある。			
C	最低位の格付けで、債務不履行に陥っているか、またはその懸念が極めて強い。			

※企業の格付けは長期優先債務ベース（99年1月末現在）

3−2　自治体の総合格付けの試み

　あらゆる組織で言えることであるが、第三者からのチェックなくしては組織の活性化は望みえない。しかし、わが国では他からの批判は非常に嫌う傾向がある。とくに公的な権限がないところからはなおさらである。

　自治体自身の活性化も第三者のチェックが必要なところへ来ている。しかし、公的機関の設置を待って自治体へのチェックを怠っていては、自治体活性化は進まない。住民なり第三者の"監視の目"を考えるべきであろう。

　そこで、自治体の通信簿とも言うべき「自治体総合格付け」を試みてみよう。前節で地方債格付けを説明したが、これは財務面からの格付けであった。これを行政、議会、住民参加、公共サービスなどに評価対象を広げ、自治体の総合的な評価を試みる。ただし、評価はいかに精細にしても客観性への疑問は残るので、ここでは、住民の視点で通信簿をつける、という立場で評価の基準を考えてみよう。

　評価については、行政運営状況、財政運営状況、アカウンタビリティ状況、議会活動状況、住民参加状況の各分野についてそれぞれ5項目を設定し＋、〇、−の3段階で評価する。すなわち、良い、普通、悪いの選択である。評価は、最初はできるだけ単純化してみることが今後の改善へつながる。

　各分野の評価基準について基本的な考えは以下のようである。まず行政サービスについては、行政は何でもする便利屋ではなく、必要なサービスを効率よく提供しているかどうかを基準とする。したがって、サービスの程度は問わないで、内部の運営状況を指標とする。財政状況については、決算統計を利用し現況をみるのが最も容易で現実的である。アカウンタビリティ状況は、自治体がどれだけ住民に行財政状況を説明する努力

もしているかをチェックする。議会活動は議員の参加状況を中心に評価をする。そして住民参加は、住民が自治にどれだけ関心をもち、チェックしているかをみる。住民は評価するためには自らの参加度もその裏づけとして必要と考えるからである。

　以上の5つの評価項目については、それぞれ5つの設問をおく。行政運営状況と財政運営状況の設問の評価基準は、類似団体との比較が現状では有用であろう。その際の評点は、類似団体より良い数値であれば1、同じであれば0、悪ければ－1をつける。アカウンタビリティについては、それぞれの設問について実施されているか否かで判定する。議会活動状況を住民参加状況についても、他の自治体との比較が難しいことや指標が示しにくいため、主観的な判断になりがちであるが、ここでは評価をつけることに意義を思いだし、あえて評価項目として掲げたのである。ここに示した自治体の総合格付けは、あくまで試みであり、格付けを行うのはだれでもよい。住民団体が自分の住んでいる自治体と周辺の自治体を評価し、比較して話題とするのもよいだろうし、議員自らが行うのも歓迎されるであろう。

　これからは評価の時代である。さまざまな立場で、さまざまな視点で"公"（おおやけ）を評価し、お互に評価に耳を傾けることで進歩が図られる社会にしたいものである。

自治体総合格付けの記入シート例

Ⅰ行政運営状況			Ⅳ議会活動状況		
1 住民1人当り人件費	1 0	-1	1 議 会 報 発 行	1 0	-1
2 住民1人当り物件費	1 0	-1	2 本会議・委員会傍聴	1 0	-1
3 住民1人当り経常経費	1 0	-1	3 情 報 公 開	1 0	-1
4 住民1人当り投資的経費	1 0	-1	4 議員提案議案数	1 0	-1
5 ラスパイレス指数	1 0	-1	5 視 察・研 修 回 数	1 0	-1
6 ……………………			6 ……………………		
⋮			⋮		
(1× __)+(-1× __)= __			(1× __)+(-1× __)= __		
Ⅱ財政運営状況			Ⅴ住民参加状況		
1 実 質 収 支 比 率	1 0	-1	1 審議会等公募制度	1 0	-1
2 義 務 的 経 費 割 合	1 0	-1	2 住 民 投 票 条 例	1 0	-1
3 公 債 比 比 率	1 0	-1	3 住民参加プロジェクトの有無	1 0	-1
4 経 常 収 支 比 率	1 0	-1	4 パブリックコメント制度	1 0	-1
5 基 金 積 立 額	1 0	-1	5 投 票 率	1 0	-1
6 ……………………			6 ……………………		
⋮			⋮		
(1× __)+(-1× __)= __			(1× __)+(-1× __)= __		
Ⅲアカウンタビリティ状況			総合評価		
1 条 例 へ の 説 明 責 任	1 0	-1	Ⅰ	=	
2 制 度 的 な 取 組 の 有 無	1 0	-1	Ⅱ	=	
3 首長の住民への説明度	1 0	-1	Ⅲ	=	
4 ホームページの作成とメールへの回答	1 0	-1	Ⅳ	=	
5 バランスシート・行政評価の実施	1 0	-1	Ⅴ	=	
6 ……………………					
⋮					
(1× __)+(-1× __)= __			合計	=	

評点基準　1：-25～-14　2：-15～-4　3：-5～14　4：+5～+14　5：+15～+25

事 例 編

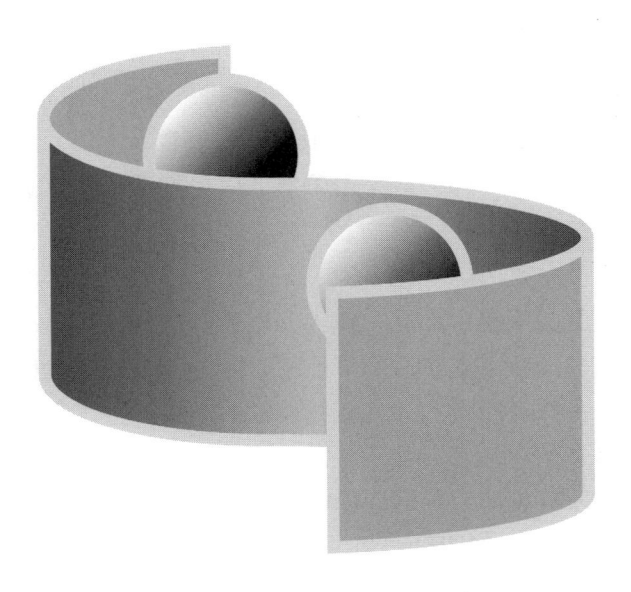

I 政令指定都市財政の読み方

1 政令指定都市とは

　地方自治法第252条の19により、政令によって指定される市のことを、通常、政令指定都市という。人口50万以上がその要件とされているが、これまでは、都市機能や行財政能力など一定の要件を備えた100万都市ということを基準に、昇格が進められてきたものである。もともと、イギリスのカウンティ・バラ（特別市）のような、県と市、両方の機能をもつ一層制自治体の構想もあったが、妥協の産物として、道府県に属するものの機能的に大きい自治体として位置付けられてきた。横浜、名古屋、京都、大阪、神戸という首都圏、中部圏、近畿圏の主要都市である5大都市として創設され、その後、北九州、札幌など地方の大都市が加わり、現在12都市となっている。

　人口規模は、横浜の337万、大阪の259万、名古屋の215万が群を抜いて大きく、札幌が180万で続き、100万から150万が6団体となっている。人口の増減は多様であり、近隣に巨大都市のない札幌は、吸引力が大きく、成長力はかなり大きい。平成2年と7年の国勢比べで、9万人近い増加、その後も毎年1万人程度の成長がある。道内の格差は拡張傾向とみられる。地域格差という言葉を使用する時、全国的格差を論じることが多いが、各都道府県内の地域格差は、より以上大きく、深刻な問題であるケースがあることはみておく必要がある。福岡も、毎年1万人規模で人口増が顕著であるが、北九州については、減少傾向にあり、100万人を切る可能性がある。

　大都市行政の円滑化のため、本来は県レベル自治体の事務とされてきたものを指定都市が担当する。生活保護、児童福祉、都市計画などの事務が指定都市の事務となる。また、指定都市

は、(行政)区をおくことができる。これは、特別区と異なり、地方自治体ではなく、議会はもたない。区長はいるものの、あくまで公務員の一人であり、選挙によって選ばれるものではない。

政令指定都市の一覧

指定都市名	指定年月日	人口（千人）		面積（km²）（10.10.1）
		指定時	11.3.31	
大阪市	昭和31年9月1日	2,547	2,472	208.63
名古屋市	〃31年9月1日	1,337	2,096	326.35
京都市	〃31年9月1日	1,204	1,388	610.22
横浜市	〃31年9月1日	1,144	3,351	436.86
神戸市	〃31年9月1日	979	1,453	549.05
北九州市	〃38年4月1日	1,042	1,008	483.71
札幌市	〃47年4月1日	1,010	1,792	1,121.12
川崎市	〃47年4月1日	973	1,209	142.70
福岡市	〃47年4月1日	853	1,270	338.27
広島市	〃55年4月1日	853	1,102	741.51
仙台市	平成元年4月1日	857	971	783.53
千葉市	〃4年4月1日	829	858	272.08

2. 人口規模と財政収入

　一般的には、自治体規模が大きい方が財政的安定感と優位性があるようにみえる。しかし、一人当たり歳出などでみれば、人口10万から20万くらいのところが最も安上がり。財政状況は、大都市であればあるほどよくなってくるわけではない。ただ、政令指定都市についていえば、事務配分が一般の市と異なることが、規模が大きい割に財政指標の高くない要因でもある。

　これらの都市の成り立ちは様々であり、当初の5団体を除く多くの団体は、政令市昇格のため、合併によって人口要件を満たしてきた。そのため、面積や財政状況もかなり異なっている。人口規模と財政には、それほど相関関係は無いようである。

　47都道府県を含む全自治体の97％が交付税の交付団体である中、政令指定都市も同様、ほとんど交付税を受けている。同様の動きを示すと思われる財政力指数と経常収支率に大きな乖離があるのは、財政力指数が過去3年ベースで遅れて出てくること、大都市ほど税収ダウンの大きな経常収支の分母に影響を与えるためである。経常収支比率は、財政の健全度をみる重要な指標ではあるが、近年、どの自治体でも上昇傾向にある。あるべき姿として厳しい基準（都市75％、町村70％）が設定されていた時期もあったが、今日、政令市であることや、高齢社会にあって人的サービスが大きくなってくることを考えれば、85～90％程度までは許容すべきことはやむをえないものといえる。

　神戸の財政指標が極端に悪化しているのは、大震災のためであったが、自治体財政が赤字か黒字かを評価する最も基本的な指標、実質収支について、赤字の状況は解消されつつある。平成10年度、実質収支はほとんどすべての団体で黒字ではあるが、不況の深刻化により単年度ではほとんどの団体が赤字となっており、財政状況は総じて悪化の方向にあることが読み取れる。

「事例編」Ⅰ 政令指定都市財政の読み方

No.1

指定都市財政構造比較表（平成10年度決算　普通会計ベース）

（概況）

区　分	札幌	仙台	千葉	東京都区部	川崎	横浜	浜名	名古屋	京都	大阪	阪神	神戸	広島	島北	九州	福岡
人　口（人）11.3.31住基	1,799,330	992,713	873,598	1,231,491	3,373,777	2,156,636	1,454,357	2,590,374	1,430,452	1,121,384	1,009,114	1,317,535				
世帯数（世帯）11.3.31住基	764,816	407,447	337,158	529,947	1,334,624	876,481	599,587	1,139,529	566,338	451,249	402,801	577,496				
就業者総数 国調 7.10.1	845,813	479,218	440,352	650,979	1,700,629	1,136,268	727,880	1,336,176	654,263	572,739	469,396	629,464				

（平成10年度決算の状況：普通会計ベース）

区　分	札幌	仙台	千葉	東京都区部	川崎	横浜	浜名	名古屋	京都	大阪	阪神	神戸	広島	島北	九州	福岡
財政力指数 3ヵ年平均	⑪0.668	⑥0.878	①1.024	⑤0.999	④0.927	⑩0.949	③0.696	⑨0.982	⑦0.712	⑦0.781	⑫0.631	⑧0.758				
経常収支比率（%）	③85.6	②85.0	⑧93.9	⑤89.1	⑦88.9	⑩91.0	⑪94.7	⑫97.8	⑨99.7	⑨92.3	④84.6	⑥86.4				
減収補てん債を加えた経常収支比率（%）	⑩83.5	⑨82.7	⑨91.0	⑥86.5	⑥86.3	⑧88.8	⑪92.8	⑫95.9	⑫97.4	⑫89.9	⑤82.9	⑥84.5				
公債費比率（%）	⑤14.8	⑦19.8	⑥17.5	⑦15.4	②17.6	⑩14.6	④17.6	⑥15.4	②26.7	①20.8	①13.7	⑨19.6				
起債制限比率 3ヵ年平均（%）	①9.8	⑩14.6	④14.6	⑦13.5	⑤14.4	③10.6	③13.2	⑤11.9	⑧21.4	②14.9	②10.0	⑧14.6				
歳入総額（千円）	843,025,888	419,353,908	354,845,489	535,853,445	1,473,022,370	1,121,952,388	759,552,154	1,985,574,388	1,017,359,055	616,904,050	567,012,163	782,129,746				
市税収入（千円）	285,316,770	191,753,844	172,277,625	275,552,257	721,924,114	501,443,517	269,644,421	738,656,078	289,115,699	217,943,637	164,466,180	256,947,844				
市民1人当たり市税収入（円）	158,568	193,161	197,205	223,755	213,981	232,512	185,405	285,154	202,115	194,352	162,981	195,022				
市税収入率（%）	⑥91.3	⑧93.5	⑩92.6	⑤94.2	⑦93.0	⑦93.9	⑥93.9	⑦93.8	⑨94.0	⑫93.8	①95.4	⑨95.5				
地方交付税（千円）	14.8	6.8	1.0	1.3	3.8	2.6	12.9	0.8	9.7	8.9	14.9	9.0				
（千円）	124,592,644	28,447,325	3,478,155	6,713,162	55,968,420	28,757,714	97,889,660	15,154,743	98,522,320	54,657,880	70,367,945					
一般財源（千円）	493,245,473	268,097,939	222,380,556	348,967,132	981,606,091	673,677,899	454,929,265	947,951,213	503,737,361	331,579,113	306,408,206	409,768,730				
歳入総額に占める比率（%）	⑦58.5	③63.9	⑥62.7	②65.1	①66.6	⑤60.0	⑪59.9	⑫47.7	⑪49.5	⑩53.7	⑩54.0	④52.4				
〈別掲　減収補てん債〉経常一般財源（千円）	〈10,751,000〉423,626,260	〈6,280,000〉225,627,477	〈5,829,000〉182,927,032	〈8,539,000〉285,040,343	〈23,974,000〉791,446,690	〈14,079,000〉563,676,289	〈8,317,000〉372,623,616	〈14,071,000〉773,624,879	〈8,847,000〉384,567,877	〈7,412,800〉280,221,407	〈5,357,000〉257,851,817	〈7,632,000〉340,270,630				
市民1人当たり（円）	235,436	227,284	209,395	231,460	234,588	261,368	256,212	298,654	268,844	249,889	255,523	258,263				
実質収支（千円）	433,375	471,495	1,483,285	1,053,730	607,378	155,579	118,417	522,203	△1,606,802	940,003	712,120	3,669,513				
実質単年度収支（千円）	△5,013,288	△1,409,361	△3,110,403	△8,099,634	△7,731,265	1,636,921	△2,817,576	△267,598	2,372,349	△871,286	△1,306,915	△783,892				

127

3. 政令指定都市の歳出状況

　歳出状況では、義務的経費、投資的経費とも、かなりのばらつきがある。財政を硬直化させる原因といわれる義務的経費であるが、人件費を構成する一要素であるラスパイレス指数とはあまり関係をもっていない。義務的経費の大きさのわりに京都の指数は小さく、福岡の指数は大きい。むしろ、公営企業を含めた職員数の方に、関係をもっているようである。投資的経費については、大都市として、大型事業へのかかわりも深く、近年は、財政危機の主要因になっている。とくに注意する必要がある。国民健保の特別会計への繰出金は、札幌、大阪で大きく、財政圧迫要因として懸念される。

　地方債現在高は、過去の地方債発行の結果であり、このところの不況と国の経済政策へのお付き合いもあってかなり膨らんできている。人口一人あたりでみると、50～60万円台が一般的だが、神戸の145万を除くと、大阪と福岡が85万を超えている。積立金現在高は、一人あたりでみて、広島の2,757円から大阪、仙台の9万円台まで、大きく異なっている。近年、取り崩しを進めてきたところは、早急に建て直しが必要となる。

　かつて、投資的経費の大きさと自治体の発展性に期待がもたれたが、少子高齢化時代にあって、再検討の必要がある。義務的、投資的の枠にかかわらず、見直すべきは当然のことである。

　行政区も人口20万を超えるようなところが増えてくると、（たとえば特別区化、特別地方公共団体化するといった）抜本的制度変更は国の作業であるとしても、分権化や若干でも予算をつける等、できうる範囲内でも、対応を進めていくべきである。合併論や広域行政論が主流ではあるが、基本的に、人間サービスを扱うのが行政であることは確認しておかねばならない。規模は大きくなればなるほど個人がみえなくなる。

「事例編」Ⅰ 政令指定都市財政の読み方

指定都市財政構造比較表（平成10年度決算 普通会計ベース）

(平成10年度決算の状況：普通会計ベース)   No.2

区分		札幌	仙台	千葉	川崎	横浜	浜松	名古屋	京都	大阪	神戸	広島	北九州	福岡
積立金現在高	(千円)	66,308,083	90,197,238	18,232,079	36,285,193	97,638,969	51,776,961	73,995,157	244,701,388	100,010,218	3,091,820	70,927,259	66,451,132
	市民1人当たり(円)	36,852	90,859	20,870	29,464	28,941	24,008	50,878	94,466	69,915	2,757	70,287	50,436
地方債現在高	(千円)	925,893,262	607,850,568	501,607,392	710,676,680	2,331,419,344	1,505,301,145	919,572,759	2,279,721,486	2,078,887,084	777,053,619	564,803,204	1,125,410,838
	市民1人当たり(円)	514,577	612,312	574,186	577,086	691,041	697,986	632,288	880,074	1,453,308	692,942	559,702	854,179
歳出総額	(千円)	833,925,507	406,699,456	345,173,830	525,773,026	1,450,834,774	1,106,425,511	740,179,977	1,971,850,767	987,116,134	609,058,483	551,161,216	761,898,265
性質別構成比	義務的経費(%)	③ 37.6	② 36.7	40.3	45.6	⑩ 41.8	39.2	④ 47.1	38.4	⑥ 39.2	39.1	⑤ 38.5	① 33.2
	投資的経費(%)	⑧ 26.3	⑫ 31.7	① 29.8	④ 19.9	26.3	② 21.3	⑦ 22.3	28.2	⑧ 30.0	28.8	⑪ 31.0	⑥ 28.0
	その他経費(%)	36.1	31.6	29.9	34.5	31.9	39.5	30.6	33.4	30.8	32.1	30.6	38.8
主な会計への繰出状況	交通事業(千円)	27,590,035	8,881,165	0	3,978,500	36,427,605	58,276,526	16,115,290	37,638,167	24,934,111	0	593,866	23,712,992
	市民1人当たり(円)	15,334	8,946	0	3,231	10,797	27,022	11,081	14,530	17,431	0	589	17,998
	病院事業(千円)	8,679,846	2,559,937	2,635,895	6,416,265	5,170,714	3,699,370	2,771,457	12,787,759	6,006,679	5,694,902	3,773,914	2,370,037
	市民1人当たり(円)	4,824	2,579	3,017	5,210	1,533	1,715	1,906	4,937	4,199	5,078	3,740	1,799
	国民健康保険(千円)	30,526,415	5,515,239	4,157,366	10,519,501	18,877,836	23,107,000	10,054,000	39,700,000	1,287,734	7,245,580	12,831,000	13,953,521
	市民1人当たり(円)	16,965	5,556	4,759	8,542	5,595	10,714	6,913	15,326	900	6,461	12,715	10,591
職員1人当たりの人口(11.3.31現在・人口)		(103.4) 143.1	(104.0) 133.7	(86.6) 124.7	(75.3) 98.1	(98.5) 144.4	(64.1) 99.4	(79.0) 110.0	(47.6) 74.9	(73.3) 102.9	(86.4) 111.0	(91.3) 121.0	(117.0) 150.7
ラスパイレス指数(10.4.1現在)		104.7	103.3	104.6	106.1	104.1	103.5	102.3	107.4	103.0	104.7	104.6	105.6

注1 「性質別歳出の各経費」の内訳は次のとおりである。
義務的経費：人件費、扶助費、公債費
投資的経費：普通建設事業、災害復旧事業費、失業対策事業費
その他経費：物件費、維持補修費、補助費、積立金、投資及び出資金、貸付金、繰出金

注2 市税収入、地方交付税額、歳入総額にあたる項目
注3 調員1人当たりの人口欄の（ ）内の数値は、
注4 積立金現在高は、基金基金、公営企業職員等各種の（ ）内の場合に該当する数値で、公営企業職員等、土地開発基金、国民健康保険支払準備基金の順位である。
注5 ○内の数字は、指定比率について、望ましい方からの順位を示している。

129

II 都市財政の読み方—渋川市の財政

1 歳入と歳出から

　群馬県渋川市の人口規模は、平成になって4万6千人台で横ばい状況。昭和40年代から比較しても、毎年1％程度のプラス、マイナスを経験する程度で推移してきている。昼夜間人口についても大きな差はなく、昼間人口が夜間人口を1,800人ほど上回る水準である。第3次産業を中心とする比較的静態的な地方都市ということができる。静態的ということは、財政の数値にもみられており、ここ数年についてみても、あまり数値に変化はないようである。

　平成10年度の決算統計について、類似団体と比較をみよう。地方税はほぼ横ばいであるが、このところ徴収率が落ちてきているのが気になるところであり、平成10年度、91.8％である。歳入面でみて、普通会計歳入に占める地方交付税（渋川12.9％、類団19.8％）と国庫支出金（渋川7.8％、類団10.6％）のウェートがかなり低く、地方債のウェート（渋川14.5％、類団8.6％）がかなり高いことが特徴といえる。また、人口が類団と同等、面積はかなり小さいが、財政規模については、215億。類似団体の171億に比べて25％も大きくなっている。

　歳出構造では、性質別でみて、人件費、扶助費、公債費の義務的経費、また維持補修費などを含めた経常的経費は決して高くない。一方で、普通建設事業費の33.3％（類団19.0％）、とくに単独事業の19.8％（類団13.3％）にみるように、かなり大きなものとなっている。

　市債現在高が182億円。類団の167億円を焼く1割上回っている。平成12年9月現在では243億円となったが、地域総合整備事業債の積極的利用もあり、その半分以上は交付税で財源措

置されるものとなっている。投資的経費の大きさは、今のところ、公債費の負担に重圧とはなっていないようであるが、将来的には、充分に考慮していく必要があるだろう。

地方債現在高の状況

区　　分	平成9年度末現在高	平成10年度発行額	平成10年度末現在高
一般公共事業債	1,140,846	337,600	1,423,381
一般単独事業債	8,680,079	2,333,800	10,427,439
うち地域総合整備事業債	4,585,965	1,465,400	5,702,515
うち臨時地方道整備事業債	2,736,744	693,100	3,324,255
	30,116	3,200	30,650
うち臨時河川等整備事業債	649,666		592,114
	1,792,646		1,616,802
公営住宅建設事業債	519,400		519,400
義務教育施設整備事業債	16,967	6,200	16,420
公共用地先行取得等事業債	32,064		20,015
災害復旧事業債	750,185		704,428
一般廃棄物処理事業債	57,161		54,497
厚生福祉施設整備事業債	668,070		643,554
地域改善対策特定事業債	194,290	65,800	230,473
財源対策債	511,477	45,000	480,963
減収補塡債	71,622		62,746
臨時財政特例債	1,163,007	281,100	1,392,547
公共事業等臨時特例債	332,500		332,500
減税補塡債	88,676		81,582
臨時税収補塡債	109,500	58,900	168,400

出典　渋川市地方財政調査表33番より

2　地方債による事業展開とその借入れ先

　　地方財政状況調査表（33、34番）によって、地方債の対象事業と借入先についてみよう。

　33表によって、平成10年度の発行額をみると、何が行政の関心事であるのか、どのような事業展開を行っているか、みることができる。多くの都市では、一般単独事業、一般公共事業（補助事業）といった公共事業が地方債による事業の主なものであるが、渋川の場合も同様である。そして、かなり幅広い事業展開が可能で交付税措置も多い地域総合整備事業債が、一般単独事業債の半分以上を占めている。一方、平成10年度は義務教育債、厚生施設債、公営住宅債は発行されていない。少子化や人口の都市集中が収まってくる中で、義務教育債の発行が減少傾向にあるのは、多くの自治体に共通する傾向であるといえる。ただ、現在高ベースでは、目的別でみた土木債と教育債が二本柱である。その他、近年、景気対策、減税策などを受けた、様々な赤字地方債的な、税収補填を目的とする地方債発行も多くみられている。これらの多くは、交付税で財源措置されているものである。

　34表は、地方債を発行する場合、借入先がどこであるかを示している。現在高ベースでは、市中銀行資金、いわゆる民間からの借入れと、資金運用部を中心とした政府資金にそれほど大きな金額的違いはないが、平成10年度では、圧倒的に市中銀行である。これは、政府資金では長期間にわたる借入れが多いこと、近年の低金利下で民間資金に有利性がでていることも影響しているとみられる。そのことは、政府資金に7.5％以上の高金利の借入れが残っている事からも理解できる。また、市中銀行資金は2.5％以下のところが圧倒的であるが、政府資金はかなりばらつきがみられる。困難な制度的制約はあるものの、

可能な限り、繰り上げ償還や借り替えに向けたアクションを起こしていくべきであろう。

　財投改革もあり、多くの自治体では、民間資金への依存はますます大きくなると思われる。行革や事業評価など、自治体自体の透明化、体力の強化によって、地方債格付けにも耐えうるしくみづくりに向けた努力が必要となる。

「事例編」 Ⅱ 都市財政の読み方—渋川市の財政

データがある行のみパンチ	地方公共団体コード 1	表番号 7 3
○	1 0 2 0 8 3	3 4

地方債借入先別及び

			(1) 平成9年度末現在高 Ⓐ	(2) 平成10年度発行額 Ⓑ	(3) 平成10年度償還元金額 Ⓒ	(4) 差引現在高 Ⓐ+Ⓑ-Ⓓ Ⓓ	(5) 2.5%以下	(6) 3.0%以下	(7) 3.5%以下	行番号
借入先		行番号 9	12	22	31	40	50	60	69 77	9
1 政府資金		0 1 0	7,491,557	727,300	560,626	7,658,231	1,339,300	325,600	1,044,872	0 1 1
内訳	(1) 資金運用部	0 2 0	5,405,262	727,300	313,876	5,818,686	1,339,300	279,300	1,014,972	0 2 1
	内訳 (ア)(イ)以外のもの	0 3 0	4,628,212	727,300	259,670	5,095,842	1,339,300	190,300	1,013,163	0 3 1
	(イ) 年金資金によるもの	0 4 0	777,050		54,206	722,844		89,000	1,809	0 4 1
	(2) 簡易保険局	0 5 0	2,086,295		246,750	1,839,545		46,300	29,900	0 5 1
2 公営企業金融公庫		0 6 0	1,944,120	466,700	78,567	2,332,253	787,200	363,200	318,000	0 6 1
3 国の予算貸付・政府関係機関貸付（公営企業金融公庫を除く。）		0 7 0								0 7 1
4 市中銀行		0 8 0	6,927,700	1,880,600	462,600	8,345,700	5,265,400	31,500	941,200	0 8 1
5 その他の金融機関		0 9 0								0 9 1
6 保険会社等		1 0 0								1 0 1
7 交付公債		1 1 0								1 1 1
8 市場公募債		1 2 0								1 2 1
9 共済等		1 3 0	414,779	53,800	37,502	431,077	261,503	48,592		1 3 1
10 外国債		1 4 0								1 4 1
11 その他		1 5 0								1 5 1
合計 (1~11) E		1 6 0	16,778,156	3,128,400	1,139,295	18,767,261	7,653,403	768,892	2,304,072	1 6 1
証書借入分		1 7 0	10,232,058	1,247,800	676,597	10,803,261	2,907,403	737,392	1,362,872	1 7 1
証券発行分		1 8 0	6,546,098	1,880,600	462,698	7,964,000	4,746,000	31,500	941,200	1 8 1
うち登録債		1 9 0	6,546,098	1,880,600	462,698	7,964,000	4,746,000	31,500	941,200	1 9 1
特定資金		2 0 0								2 0 1
		2 1 0								2 1 1

「事例編」 Ⅱ　都市財政の読み方—渋川市の財政

市　町　村
特　別　区
一部事務組合

利率別現在高の状況

都道府県名　群馬県
団　体　名　渋川市

（単位：千円）

(8)	(9)	(10)	(11)	(12)	(13)	(14)	行番号	(14)	(15)	(16)
⑪のうち利率別内訳										
4.0%以下	4.5%以下	5.0%以下	5.5%以下	6.0%以下	6.5%以下	7.0%以下		7.5%以下	8.0%以下	8.0%超
12	21	30	39	48	57	66　74	9	12	21	30　38
385,755	884,967	862,117	404,446	122,368	417,438	110,330	01 2	1,754,521	6,517	
380,078	764,786	646,387	353,098	122,368	137,038	110,330	02 2	671,029		
208,706	593,499	646,387	225,591	122,368	120,432	110,330	03 2	525,766		
171,372	171,287		127,507		16,606		04 2	145,263		
5,677	120,181	215,730	51,348		280,400		05 2	1,083,492	6,517	
182,100	277,986	69,233	49,707	52,000	31,267	82,533	06 2	108,360		10,667
							07 2			
802,600	790,300	483,800				30,900	08 2			
							09 2			
							10 2			
							11 2			
							12 2			
7,415	113,567						13 2			
							14 2			
							15 2			
1,377,870	2,066,820	1,415,150	454,153	174,368	448,705	223,763	16 2	1,862,881	6,517	10,667
575,270	1,138,820	931,350	454,153	174,368	448,705	192,863	17 2	1,862,881	6,517	10,667
802,600	928,000	483,800				30,900	18 2			
802,600	928,000	483,800				30,900	19 2			
							20 2			
							21 2			

平成10年度　47頁

III 臨海の町─熊本県田浦町の財政

1 田浦町の現状

　熊本県田浦町は、八代市と水俣市にはさまれた海岸線に位置する、自然豊かな町である。でこぽん、甘夏みかんなどの農産物は全国的に知られる他、地元には東証1部上場企業である東海カーボンの工場もある。また、第3セクターの御立岬温泉センターは、夏には人口ビーチに多くの水泳客でにぎわう。人口5,000人ほどであり、自主財源が多いわけではなく、固定資産税と入湯税、温泉センター入場料などに大きく影響を受ける。しかし、1990年ごろ、とくにバブルに踊ったこともないため、バブル崩壊の影響も大きくはない。これまで、地道な発展努力を続けてきた静態的町の例といえる。

　こうした、小規模自治体の場合、特別大きな開発プランに惑わされることなく、住民生活を第一に考えていくことが大切である。町の3役や議員が直接住民と触れ合える規模であることが大きなメリットであり、直接民主主義に近い形で住民との関係を維持し、住民ニーズを的確に把握することである。この町でも、町長など行政と地区住民との集会がもたれているところである。

　田浦町の税源問題を考える時、熊本県との協調、さらに他の市町村との協調が望まれる。いくつかの、財源プランが考えられるが、それぞれ、県段階で課税すべきか、町の段階で課税すべきかをみておかなくてはならない。県財政と町財政は車の両輪であることを認識しておくことは当然である。

　このところ、多くの都道府県、市町村で、法定外普通税、法定外目的税の創設や検討がみられている。それらの多くは、環境税的なものであり、都市問題対策の税である。それは、都市

市町村民税と固定資産税の推移

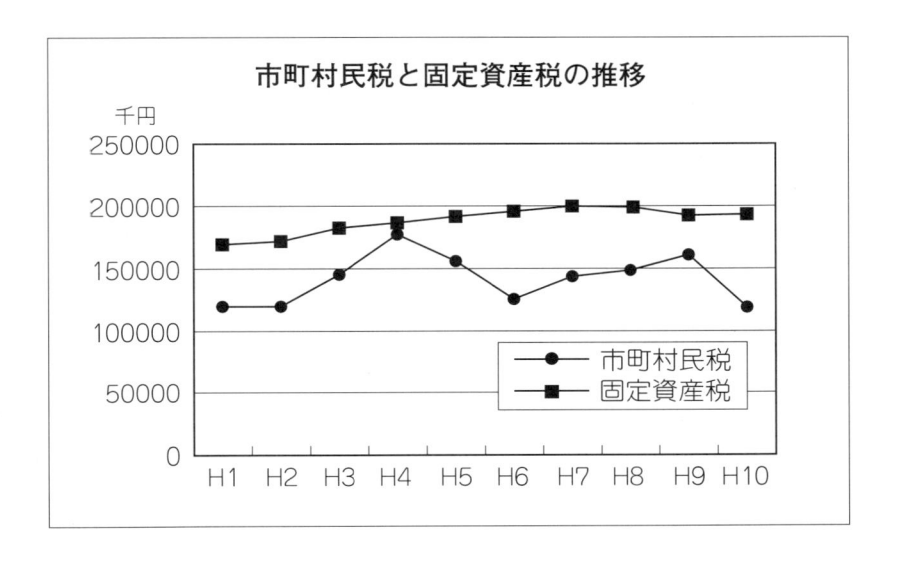

(グラフ：千円単位、H1〜H10）
- 市町村民税
- 固定資産税

入湯税の動向

(千円)

年度	H1	H2	H3	H4	H5	H6	H7	H8	H9	H10
入湯税	0	0	1,648	1,894	2,110	2,018	1,954	1,863	7,854	7,083

住民が、常に問題を感じており、負担感以外に反論の余地の少ないものであるためである。さらに、これらの多くは、都市部において、実現性や大きな意味をもつものであり、熊本県や田浦町に適用可能なものは多いとはいえない。たとえば、自動車税のグリーン化などは、国で実施する場合はよいが、地方で実施する場合、環境省で窒素酸化物問題の指定を受けている地域であるかどうか、いいかえれば、大気汚染問題が大きな問題とならないようなところでの導入は困難である。水源税やダム税

は、自治体外の住民に対し水供給をしている場合、産廃税は、外部から産廃が持ち込まれている場合、意味をもつ。

　また、それぞれ、大きな収入を得られるというものではなく、財政再建に寄与するというほどのものではない。考え方としては、分権時代にあって、何ができるのか、どこまで努力できるのか、といった観点から、少しずつでも収入を得られるよう目指すことになる。

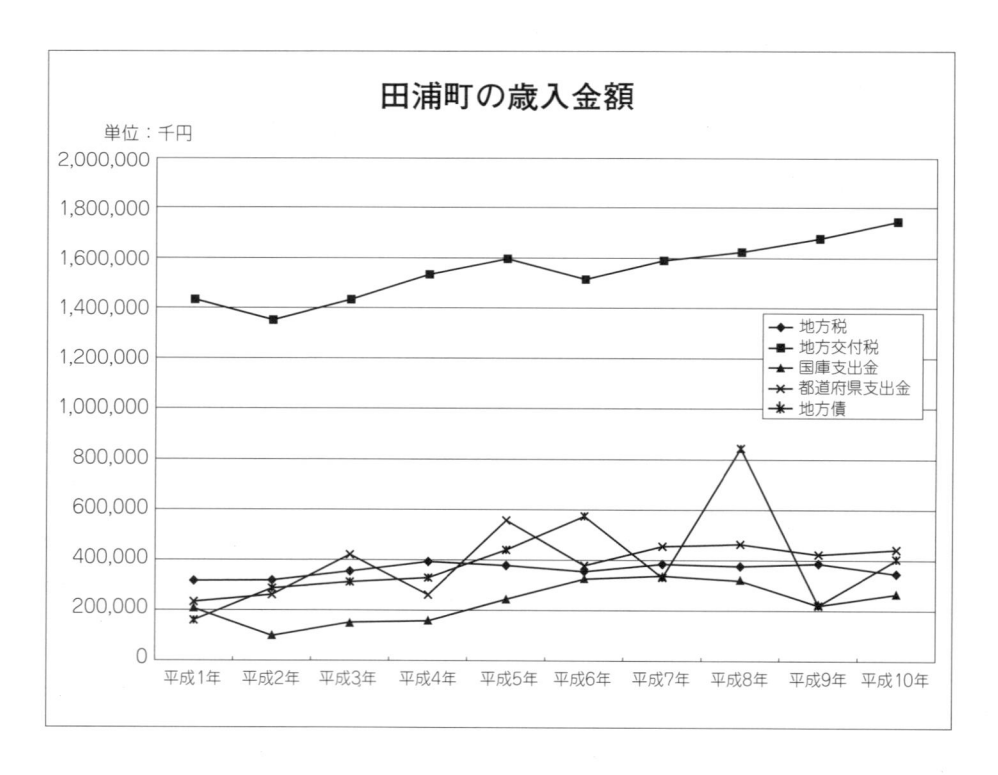

田浦町の歳入金額

単位：千円

凡例：地方税／地方交付税／国庫支出金／都道府県支出金／地方債

2．田浦町の財源確保の可能性

　町の税収の中心である固定資産税については、田浦町の場合、現在までのところ、超過課税が実施されていない。固定資産税の超過課税は、比較的地価の低い地域で導入されているケースの方が多いことを考えれば、若干検討の余地はある。ただ、こうした場合、超過不均一課税という形で、一定規模までの土地、家屋ははずしておくことが望ましい。

　税としての採用は難しいとみられるが、御立岬公園温泉センターからの収入については、町内住民と外来者（町外からの利用者）との料金に格差を設けることは妥当である。ただ、こうしたことは、町外からの利用者の多い施設について、利用できるものである。現在、町民向けに、スタンプカードを発行し、割引システムをとっているところである。温泉センターという施設の性格上、湯船や洗い場が混雑しない程度までであれば、一定人数までの利用については、サービス水準が落ちることはなく、むしろ、一定までの人数には絶えず利用されることが、全体としての効用を高めることになる。その点からみると、また、外来者にも若干、スタンプカード無料券制度や定期券を設けておくことにより、より多くの利用が期待できる。

　御立岬公園の宿泊施設については、ホームページなどで積極的に宣伝活動と申し込み受け付けを行い、とくに、繁忙期以外には、割引料金を設定、大学や高校からの利用も期待していくことである。多くの関係者のホームページに、田浦町ホームページへのリンクをはってもらうこともよい。宿泊施設は「生もの」であり、この日販売できなければ、翌日売れるというものではないと考え、できるだけ、稼働率を高めるべきである。このところ、時期によっては、国内航空運賃も大幅にディスカウントされるようであり、関西や関東からの利用も期待できるだ

ろう。その際、ある程度の人数があれば、（料金をとって）空港などへの送迎サービスが望ましい。

　将来的に、高速道路開通時に、高速バスが通れば、その発展は飛躍的に伸びる可能性を秘めており、豊かな自然は貴重な財産である。田浦町産のみやげ物の開発、電子商取引の可能性も進めていくことが期待される。

（注）『田浦町財政評価報告書』2001年を参照のこと。

Ⅳ 過疎財政からの脱出―山梨県忍野村

1 1980年代の忍野村

　企業誘致によって税収を確保し財政が安定化した地方自治体も存在する。ハイテク企業を誘致して十分な税収入をあげ、地方交付税の不交付団体となった地方自治体として山梨県忍野村がある。同村の財政は、ファナック株式会社の山梨県忍野村移転を転機として1980年代に大きな変化を遂げた。

　85年の忍野村世帯数は1,649戸、人口は6,942人、このうち農家戸数は613戸で全戸数の約37％が農業に従事していた。また、第一種兼業農家は31戸、第二種兼業農家は563戸で農家の大半を占めていたが、95年には425戸まで減少した。耕作面積では米が117㌶で最も多いが、野菜もキャベツ、レタス、スイートコーンなどの高原野菜を中心に97㌶耕作されていた。また、村の総面積の約53％にあたる1,342㌶が山林原野で、うち公有林が542㌶と約半分近くを占めた。

　このように忍野村は基本的には農業村であり、自然条件に制約されて生産性は必ずしも高くない。したがって、忍野村は富士山、忍野八海などの自然とテニス民宿などの観光村としての一面をもっている。85年には、村内に民宿42、ホテル3、旅館18の宿泊施設があり、年間約32万人の観光客を迎えた。

　忍野村の工業は、戦前は製糸業、織物業、製炭業が主力であったが、戦後は撚糸業や製材業が活発となった。しかし、これらの業種は景気の変動に左右されやすいことや、日本の産業構造の変化によって他業種へ転換するものも少なくなくなった。1985年の工業統計調査によれば、忍野村の工業従業員構成は1人以上4人未満が24社、4人以上30人未満が33社、30人以上が7社であった。業種では従来の撚糸業、製材業に加え工業

用プラスチック製品、光学機器、プレス製品、電気機械器具関係である。とくに、工業用プラスチック製品の関連企業は20社近くに及んだ。30人以上の従業員を抱える企業7社を業種別にみると、工業用プラスチック2社、プレス製品、電気機器、ビデオ機器、金属製品塗装、NC（数値制御装置、ファナック）であり、浜口樹脂とファナックを除くと家内工業的企業が大半であった。

忍野村徴収実績（1953年）

単位

税　　　目	予算額	調停額 （A）	収入済額 （B）	（B）/（A）
村　民　税	9,228	974,032	449,119	46.1%
固定資産税	2,726,540	2,709,140	1,757,722	64.9
自 転 車 税	67,400	67,400	34,000	50.4
荷　車　税	241,200	241,200	117,200	48.6
電気ガス税	360,000	291,913	291,913	100.0
木材取引税	39,800	39,800	0	0
入　湯　税	10,000	3,500	3,500	100.0
ミ シ ン 税	11,050	11,050	5,980	54.1
犬　　　税	16,000	16,000	6,400	40.0
牛　馬　税	70,800	70,800	35,200	49.7
滞 納 繰 越	327,108	330,470	46,530	14.1

［出所］「忍野村28年度徴収実績表」（忍野村役場所蔵）により作成。

2　忍野村財政の変貌

　忍野村は特別の産業があるわけではなく、しかも自然的災害によって農産物が被害を受けることが多かった。このため、税金の未納者も多く村財政は豊かではなかった。

　1953（昭和28）年度の徴収実績に依れば、忍野村で徴収100％を達成しているのは電気ガス税と入場税のみで、普通税（61.0％）、法定普通税（61.4％）、村民税（46.1％）、固定資産税（64.9％）の数字が示すとおり大部分の税金は40～60％という低レベルの収納率であった。65年度に入っても忍野村の財政基盤は弱く、同年度の歳入決算では村税が987万2,647円で全歳入の15.1％を占めるにすぎなかった。これに対して、全歳入の半分以上を占めるのが地方交付税であり、3,670万7,000円に達した。この他に国庫支出金と県支出金で約10％にも及んでおり、依然として国と県に大きく依存した財政構造であった。こうした傾向は80年度頃まで変化せず、村税は全歳入の12～16％程度であった。また、地方交付税は70年度まで50％を突破していた。

　忍野村の脆弱な財政構造が変化し出したのは、いうまでもなくファナックの忍野村移転を契機としてであった。80年12月の富士工場操業開始以降、忍野村の村税収入は急激に増加し始めた。80年度は2億5,169万円余、82年度は5億6,221万円、85年度には21億5,195万円余へ膨張し、5年間で約10倍の村税収入増をもたらした。これに伴い、忍野村の歳入額は80年度の14億3,692万円余から82年度16億9,540万円余、84年度21億7,637万円余、85年度33億3,894万円余、86年度46億2,367万円余と加速度的に増え続けた。

　ここで、ファナック移転後の忍野村歳出入を82年度と86年度の両年からみてみよう。富士工場が操業を開始していた82

年度には村税は5億6,221万円に増加して、全歳入の33.2%を占めるに至った。村税が全歳入の10%を超える程度であった80年度以前と比較すると格段に財政が豊かになった。しかし、地方交付税も全歳入の22.3%にあたる3億7,779万円余に達しており、まだ国・県に依存する財政構造であった。

ところが、ファナック本社移転を大転換期として忍野村財政は急速に変化し、85年度には地方交付税不交付団体となった。86年度の村税は29億2,305万円となり、全歳入の63.2%を占めた。この金額は80年度の全歳入額を大きく上回る。一方、歳出をみると教育費が82年度に2億8,885万円支出され、この年度は教育費支出が5分の1をしめた。これは、忍野村小・中学校の新築・増築工事と「かいじ国体」の相撲会場工事が重なったためである。したがって一時的な教育費膨張であり、それ以降は1億円程度の歳出となった。82年度と86年度を比較して顕著な増加を示しているのは、衛生費、総務費、土木費、農林水産費である。これらは3.6倍に増加した衛生費を筆頭に、それぞれ2.5倍から3倍に伸びており、忍野村では財政規模の拡大に伴い、これらの分野の基盤整備に着手した。

以上のように、忍野村財政はファナックの移転に伴って大きく改善され、同村は地方交付税不交付団体となった。ファナックの移転は、地域活性化の前提条件たる財政構造を改善したという意味で成功したといえよう。

忍野村歳入額の推移

単位：円（％）

科　　目	1965年度	1970年度	1975年度	1980年度	1985年度
村　　税	9,872,647(15.1)	21,987,903(12.3)	106,487,781(12.4)	251,697,389(16.9)	2,151,950,256(64.5)
地方交付税	36,707,000(55.9)	102,675,000(57.5)	244,083,000(28.3)	456,976,000(30.7)	
分担金及負担金	3,075,232(4.7)	4,371,235(2.4)	9,257,100(1.0)	18,936,120(1.3)	34,231,780(1.0)
使用料及手数料	781,662(1.2)	4,806,318(2.7)	5,416,326(0.6)	5,983,054(0.4)	4,017,994(0.1)
国庫支出金	4,945,159(7.5)	14,517,720(8.1)	178,041,165(20.7)	373,731,149(25.1)	143,916,640(4.3)
県支出金	2,321,452(3.5)	7,088,303(4.0)	61,378,499(7.1)	55,151,092(3.7)	88,026,559(2.6)
財産収入	1,083,500(1.6)		10,000,000(1.2)	11,605,698(0.8)	5,783,859(0.2)
寄付金	3,750,000(5.7)	11,258,000(6.3)	983,000(0.1)	2,645,850(0.2)	16,628,000(0.5)
繰越金	1,399,556(2.1)	6,504,985(3.6)	38,397,478(4.5)	88,326,063(5.9)	543,137,308(16.3)
諸収入	1,152,586(1.8)	2,245,001(1.3)	3,607,800(0.4)	20,268,690(1.4)	265,975,910(8.0)
自動車取得税交付金		3,012,000(1.7)	9,134,000(1.0)	14,253,000(1.0)	17,289,000(0.5)
村債	600,000(0.9)		94,800,000(11.0)	169,600,000(11.4)	50,300,000(1.5)
地方譲与税			5,990,000(0.7)	17,746,000(1.2)	16,920,000(0.5)
繰入金			93,673,000(10.9)		
国有提供施設所在市町村交付税					766,000(－)
合　　計	65,688,794(100.0)	178,466,465(100.0)	861,249,149(100.0)	1,486,920,105(100.0)	3,338,943,306(100.0)

（出所）『忍野村村勢要覧』より作成。

3 過疎地域企業誘致の課題

忍野村は80年代にファナックという超優良企業の本社移転によって、財政難の村から豊富な自主財源をもった村へと大変身した。しかし、円高や経済不況の問題は忍野村にとって重大問題である。ファナックは輸出関連商品の製造を行っているため円高に敏感な企業である。たとえば、87年は円高の影響で同年の法人税申告所得は315億5,388万円で前年より288億9,080万円の減少となった。(「山梨日日新聞」1988年4月22日)。このように、ファナックは円高による影響が大きく、また景気後退などの影響も計り知れない。忍野村財政がファナックに依存すればするほど、同社の売上高等に制約されることになる。

企業誘致による地域経済への影響として雇用の拡大が考えられる。しかし、日本の製造業は円高による賃金コスト高に対応するために高度なFA化を導入している。ファナックも富士工場に代表されるようにFA化の最先端を走る企業である。したがって、ハイテク企業全般の傾向でもあるが、地域から多くの労働者を雇用してくれる可能性はほとんどない。また、下請け企業への影響であるが、ハイテク企業の技術レベルに下請け企業がついていけない現状で期待薄である。

以上のように、ハイテク企業の地域経済に及ぼす影響は、忍野村の例にもみられるように財源確保以外にはそう大きいものではない。また、誘致企業の経営動向が地方自治体に直接的に影響してくるというリスクを常に抱えている。しかし、こうしたマイナス面を考慮に入れても、企業誘致によって以前とは比較できない財源を確保できることも事実である。そういう意味で、地方自治体がハイテク企業の誘致によって豊富な自主財源を確保し、これを生かした「地域づくり」を明確なビジョンを

もって行い、ハイテク企業の移転による波及効果を享受する道も地方自治体活性化の選択肢の一つと考えられよう。さらに、地域が積極的にハイテク企業に働きかけて、ハイテク企業のもつ先端技術を地場産業に生かしていくことができれば波及効果はより大きくなるだろう。

忍野村歳入額の推移

(単位：千円)

	1990年度	1991年度	1992年度	1993年度	1994年度	1995年度	1996年度
村税	2,852,827	2,502,116	2,189,948	1,863,335	1,680,331	2,188,332	2,259,657
地方譲与税	67,683	65,640	64,345	69,972	70,391	72,493	75,952
利子割交付金	42,906	43,819	29,947	35,241	49,596	35,815	21,360
特別地方消費税交付金	0	1,350	2,413	2,507	2,479	2,026	1,531
自動車取得税交付金	28,284	30,575	28,551	22,584	27,974	29,584	29,877
国有提供施設等所在市町村交付金	472	227	263	263	263	274	274
地方交付税	0	479	690	119,636	434,380	254,487	802
交通安全対策特別交付金	689	845	760	755	688	686	840
分担金及び負担金	79,657	82,285	84,247	92,481	91,037	91,274	89,781
使用料及び手数料	16,657	15,937	14,852	16,897	24,766	35,143	34,303
国庫支出金	136,530	230,414	155,098	352,420	761,741	255,763	234,646
県支出金	96,214	119,295	123,431	138,909	119,450	147,256	150,465
財産収入	206,285	249,544	160,362	151,997	58,689	162,729	19,814
寄付金	150,255	108,074	10,469	10,027	207,285	10,067	2,701
繰入金	410,521	64,558	1,358,189	667,871	586,134	236,755	60,372
繰越金	895,827	1,720,639	875,103	284,636	482,003	375,097	217,282
諸収入	138,827	159,861	99,743	27,963	27,720	24,107	22,831
村債	0	0	700,000	385,900	1,626,200	273,000	256,400
合計	5,123,417	5,395,658	5,898,411	4,243,394	6,251,127	4,194,888	3,478,888

(出所)　各年度「忍野村決算書」による。

資料編

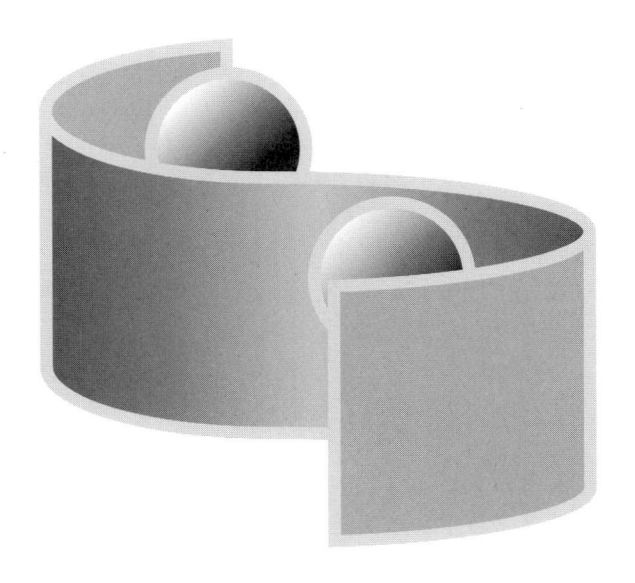

資料1

「地方分権推進計画」

平成10年（抜粋）

4 地方税財源の充実確保

(1) 地方税

ア 地方税の充実確保

（ア）国と地方の歳出総額に占める地方の歳出の割合は約3分の2であるのに対し、租税総額に占める地方税の割合は約3分の1となっており、歳出規模と地方税収入との乖離が存在している。

地方税については、基本的に、この地方における歳出規模と地方税収入との乖離をできるだけ縮小するという観点に立って、課税自主権を尊重しつつ、その充実確保を図る。

（イ）今後、地方分権の進展に伴い、地方公共団体の財政面における自己決定権と自己責任をより拡充するとともに、住民の受益と負担の対応関係をより明確化するという観点から、国と地方公共団体との役割分担を踏まえつつ、中長期的に、国と地方の税源配分のあり方についても検討しながら、地方税の充実確保を図る。

この場合、生活者重視という時代の動向、所得・消費・資産等の間における均衡がとれた国・地方を通じる税体系のあり方等を踏まえつつ、税源の偏在性が少なく、税収の安定性を備えた地方税体系の構築について検討する。

平成10年度においては、事業税の外形標準課税の課題を中心に、地方の法人課税について総合的な検討を進める。

これらの検討と併せて、地方税と国庫補助負担金、地方交付税等とのあり方についても検討を加える。

（ウ）このような考え方に立って地方税の充実確保を図っていく必要があるが、当面は、国庫補助負担金の廃止・縮減を行っても引き続き当該事務の実施が必要な場合や国から地方公共団体への事務・権限の委譲が行われた場合において、その内容、規模等を考慮しつつ、地方税等の必要な地方一般財源の確保を図る。

イ 課税自主権の尊重

（ア）法定外普通税の許可制度については、より課税自主権を尊重す

る観点から廃止し、都道府県又は市町村が法定外普通税を新設
　　　又は変更するに当たっては、国と事前協議を行うこととする。
　　　この場合、国との同意を要することとする。
　　　　ただし、税源の所在及び財政需要の有無については、事前協
　　　議の際の協議事項から除外し、国の関与を縮減することとする。
（イ）法定外目的税については、住民の受益と負担の関係が明確にな
　　　り、また、課税の選択の幅を広げることにもつながることから、
　　　その創設を図る。その場合、国と事前協議を行うこととし、法
　　　定外普通税と同様、国との同意を要することとする。
（ウ）標準税率を採用しない場合における国への事前の届出等につい
　　　ては、課税自主権の尊重の観点から廃止する。
　　　　　　　　【措置済み（地方税法改正　平成10年4月1日施行）】
（エ）制限税率は、総合的な税負担の適正化を図るためにも、その全
　　　面的な廃止は適当ではないが、個人市町村民税については、住
　　　民自らが負担を決定する性格が強いこと、個人道府県民税には
　　　制限税率がないこととの均衡等を考慮し、その制限税率を廃止
　　　する。
　　　　　　　　【措置済み（地方税法改正　平成10年4月1日施行）】

(2)　**地方交付税**

ア　地方公共団体の自主的な行政執行等の権能を損なわずに、税源
　　の偏在による財政力の格差を是正するとともに、地方公共団体が
　　法令等に基づき実施する一定水準の行政の計画的運営を保障する
　　上で、地方交付税の財政調整機能は極めて重要であることにかん
　　がみ、今後とも、地方財政計画の策定等を通じて、地方交付税総
　　額の安定的確保を図る。
イ　地方交付税の算定方法のあり方を検討するに際しては、人口、
　　面積等の基本的な指標を基礎とする静態的な算定方法に併せて、
　　地方公共団体の実施事業量に応じた動態的な算定方法についても、
　　適切に活用することとする。
ウ　地方交付税制度の運用のあり方については、国と地方の役割分
　　担の見直しや法令等による地方公共団体の事務の義務付けの廃
　　止・緩和等に対応して、地域の実情に即した地方公共団体の自主
　　的・主体的な財政運営に資する方向で、算定方法の簡素化を進め

ることとする。
エ　地方交付税の算定方法のより一層の簡明化を図る観点から、普通交付税の基準財政需要額については、測定単位として用いることが可能な信頼度の高い客観的な統計数値が存在するものは、補正係数を用いて算定している財政需要を極力、法律で定める単位費用として算定するようにするとともに、特別交付税についても、できる限り簡明な方法により財政需要を算定することとする。
オ　地方交付税の算定について、地方公共団体の意見をより的確に反映するとともに、その過程をより明らかにするために、地方公共団体は普通交付税及び特別交付税の算定方法について意見を申し出ることができること、意見の申し出を受けた場合には、自治大臣は、地方財政審議会に地方交付税に関する事項を付議するに際して当該意見を付することとする等の法令に基づく制度を設けることとする。
カ　地方債の元利償還金について実際の償還額等に応じ基準財政需要額に算入する措置については、災害復旧事業、事業効果が当該団体外に及ぶ事業、地域的に偏在性のある事業、過疎対策等政策的配慮が必要な事業等、財源保障を目的とする地方交付税制度の趣旨に沿うものに限定して行うこととし、従来から行われてきたものはそのあり方の見直しを行うとともに、新たな措置については必要最小限のものとする。
キ　また、基準財政収入額の算定に当たり個別法に基づき地方税の課税免除等による減収相当額を控除する措置等は、共有財源である地方交付税を用いた特例的な財政措置であることにかんがみ、従来から行われてきたものは適用期限が到来した際にその必要性、対象要件等を見直すとともに、新たな措置については必要最小限のものとする。
ク　地方交付税の算定に当たり、各地方公共団体の課税努力、自主的な財政再建努力や行革努力等を促す観点、市町村合併を支援していく観点等からの財政需要を反映することとする。
　　平成10年度の地方交付税の算定においては、国家公務員の定数削減に準じて職員数を削減することとしたほか、行政改革経費及び人材育成経費に係る単位費用、都道府県の合併支援に要する経費に係る単位費用を充実するとともに、民間委託の実態を単位費

用に反映させる等の措置を講じた。

【措置済み（地方交付税法改正　平成10年３月31日施行）】
　平成11年度以降においても引き続き幅広く検討することとし、特に市町村合併を支援していく観点から、合併算定替の期間の延長、合併市町村の行政の一体化等に係る経費、合併関係市町村の公債費負担格差の縮減等の財政健全化に要する経費や都道府県の取り組みに対する措置等について具体化を図る。

ケ　平成10年度において、補正係数が創設されてからの社会情勢の変化等に対応して、清掃費におけるごみ処理人口を指標とする密度補正、道路橋りょう費における広域行政圏の道路経費に係る態容補正、徴税費における一部の基準税収入額を指標とする密度補正を廃止することとするなど、補正係数の見直しを行う。

コ　現在密度補正を用いて算定している老人医療費の公費負担経費については70歳以上人口を測定単位として算定するなど、補正係数を用いて算定している財政需要を単位費用として算定することについて具体化をすすめる。

サ　「地方交付税について、国の一般会計を通すことなく、国税収納整理資金から地方交付税特別会計に繰り入れる措置については、地方公共団体の固有財源とされている地方交付税の性格を明確にすることに資するという意見がある一方で、国の一般会計において主要税目の状況を一貫性ある姿で示す必要がある等の観点から問題が多いとの意見があり、こうした状況を踏まえ、引き続き検討していく必要がある。」との地方分権推進委員会第２次勧告を踏まえ、引き続き検討する。

(3)　地方債

ア　地方債許可制度については、地方公共団体の自主性をより高める観点に立って廃止し、地方債の円滑な発行の確保、地方財源の保障、地方財政の健全性の確保等を図る観点から、地方公共団体は国又は都道府県との協議を行うこととし、協議制度に基づく地方債制度の主な内容については次のとおりとする。
　また、地方債制度及びその運用の公正・透明性の確保を図る観点から、これらについてできうる限り法令化することとする。

（ア）地方公共団体は、地方債を起こし並びに起債の方法、利率及び

償還の方法を変更しようとするときは、あらかじめ自治大臣と協議することとする。
　　　市町村との協議については、都道府県の法定受託事務として行う。
（イ）地方財政法第5条で定める地方債をもって財源とすることができる事業の範囲について法令で一層の明確化を図るとともに、自治大臣は、協議において同意をする基準を定め、あらかじめ公表する。
（ウ）自治大臣の協議は、地方公共団体に関して、全国的な観点からの「資金の配分・調整」及び「地方交付税措置との調整」等を主たる目的の一つとして行うものであることから、同意した地方債についてのみ、政府資金等公的資金を充当するとともに、元利償還金について地方財政計画や地方交付税制度を通じた財源措置を行う。
（エ）協議を行う国としての責任及びその内容を明確にするため、翌年度における各事業種別毎の起債総額の見込額及びそれらに充てられる資金等に関する計画である地方債計画について法的に位置付ける。
（オ）国が協議に対し同意するに当たり、地方財政を担当する部局が政府資金の配分を担当する部局と協議を行うという従来の仕組みについては、これを維持しつつ、その事務手続の一層の簡素化を図る。
（カ）個別地方公共団体の財政運営の健全性を確保する見地から、同意されない地方債を発行する場合には、当該地方公共団体の議会に報告する。
（キ）元利償還金の払込について延滞のある地方公共団体、元利償還費又は決算収支の赤字が一定水準以上となった地方公共団体等については、当該地方公共団体の住民に対する基礎的行政サービスを確保するためのみでなく、地方債全体の信用を維持し、民間引受けの地方債のリスク・ウェイトがゼロとされてきた現行の位置付けを維持していくためにも、地方債の発行自体を禁止することとし、特定の場合にはそれを例外的に解除する手法として許可制度を設ける。
（ク）普通税の税率が標準税率未満の地方公共団体については、従来、

公共施設・公用施設の建設等の財源に充てるための地方債の発行が禁止されてきたが、(キ)と同様の仕組みを導入する。
イ　少なくとも財政構造改革期間中においては、国及び地方の財政赤字の縮小のため財政健全化目標が設定され、地方公共団体の歳出の抑制が求められていることに鑑み、許可制度を維持することとする。
ウ　地方債の発行に係る手続については、関係地方出先機関との協議を含め、一層の弾力化・簡素化を推進するとともに手続の透明化を図る。
エ　地方債の発行条件の改善を図るとともに、地方債の円滑な発行を確保していくため、引き続き、地方債市場の整備育成、地方債証券の流通性の向上、外債の発行額の確保等資金調達方法の多様化、優良な資金の確保、共同発行の促進等に努めることとする。

(4)　その他
ア　事務・権限の委譲に伴い必要な地方一般財源の確保
　国から地方公共団件への事務・権限の委譲が行われた場合には、地方公共団体が事務を自主的・自立的に執行できるよう、地方財政計画の策定等を通じて所要財源を明確にし、地方税・地方交付税等の必要な地方一般財源を確保する。
イ　地方公共同体の手数料
(ア)　地方公共団体は、当該地方公共団体の事務で特定の者のためにするものにつき、手数料を徴収することができるものとする。
　　この場合、手数料については地方公共団体の判断により条例で定めることを基本とする。
　　現在手数料の金額について法令で制限を加えている手数料のうち、今後地方公共団体の判断により条例で定めることとなるものは参考1のとおりである。
(イ)　ただし、以下に掲げるメルクマールに該当し、手数料について全国的に統一した取扱が特に必要と認められる場合には、国は、条例で規定する場合の手数料の対象事務及び金額の標準を法令で定めることとする。
　a　資格の効果が当該地方公共団体の区域内に止まらない場合（試験・免許等）であって、当該事務を全国のどの都道府県で申請

することも可能なもの

　　　　参考2―(1)のとおりである。
　b　当該事務の根拠法上同種の国の事務に係る手数料等の国民の負担が一定であるため関連して額を設定する必要がある場合

　　　　参考2―(2)のとおりである。
　c　法律に基づき指定機関に委任することができる場合、又は、法律上一定の場合に委託することができることとされている場合（当該事務の実施主体は都道府県であるが、都道府県は当該指定機関に事務を行わせることができるもの）（指定試験機関、指定講習機関制度等）

　　　　参考2―(3)のとおりである。
　d　その他、手数料について全国的に統一した取扱が特に必要と認められる場合

　　　　参考2―(4)のとおりである。
(ウ) 機関委任事務に係る地方公共団体手数料令及び個別に手数料を定める政令等を廃止することとし、上記(イ)の標準を定める法令は、地方公共団体及び住民に対するわかりやすさ、一覧性等に資するという観点から、地方自治法に基づき制定する政令とすることを原則とする。
(エ) 法令において定める手数料の金額の標準については、経済情勢等に鑑み適切なものとなるよう原則として3年ごとにその金額について見直すこととする。

資料2
地方公共団体の総合的な財政分析に関する調査研究会報告書
平成12年　3　月　自治省
第1　バランスシートの作成手法について

I　はじめに

　地方公共団体の予算、決算、財政状況等については、地方自治法等の法令の規定により公表が義務付けられている。

　各地方公共団体においては、かねてより自らの財政状況の分析等に工夫を講じているが、昨今その一手法として、バランスシートの作成を試みる団体が出てきている。

　また、経済戦略会議が平成11年2月26日に小渕総理に対して行った答申（「日本経済再生への戦略」）の中にも、「公会計制度の改善」として地方公共団体を含む公的部門への企業会計の導入の必要性の指摘が盛り込まれた。

　地方公共団体のうち、公営企業等ではバランスシートが導入されており、普通会計についても、かねてから地方公共団体の協力の下にバランスシートの研究が進められてきている。例えば、昭和63年には財団法人地方自治協会が自治省の協力を得て「企業会計的手法による財政分析と今後の財政運営のあり方に関する研究会」を開催し、24市町でバランスシート作成のシミュレーションを行い、その成果を公表している。

　しかしながら、現在のところ、普通会計のバランスシートの作成基準は統一されておらず、地方公共団体間で作成したバランスシート間の比較が困難であるとの指摘がある。

　以上の諸事情を踏まえ、当研究会では、地方公共団体が普通会計の財政状況をわかりやすく公表することを支援する観点から、地方公共団体が普通会計のバランスシート作成に取り組む場合の「作成マニュアル」を検討することとしたものである。

資料2

Ⅱ　当研究会の検討の概要

　当研究会では、まず地方公共団体の財務活動の特徴を、特に企業との比較において確認するところから検討に着手した。本来、企業活動に由来するバランスシートを地方公共団体についても意味のあるものとするためには、バランスシートが地方公共団体の財務活動の実情を十分踏まえたものであることが求められると考えたためである。

　まず活動の目的では、企業が利益の追求を目的としているのに対して、地方公共団体は住民福祉の増進を目的としており、利益の概念を持たない。また、財務活動は、企業が利益を追求するための弾力的な財務活動を認めているのに対し、税金を活動資源とする地方公共団体の財務活動は、予算の議会での議決を通して、議会による統制の下に置かれている（財政民主主義）。

　このため地方公共団体の経理では、予算の適正・確実な執行に資する現金主義が採用されている（これに対して、企業は発生主義）。

　また、財政状態が悪化した場合には、企業では企業体の解散（清算）もあり得るのに対して、地方公共団体では財政再建の手続に移行し、清算は予定されていない。

　次に、当研究会では作成しようとするバランスシートの意義について改めて確認した。バランスシートは、企業の財政状態を明らかにするため、一定の時点において当該企業が保有するすべての資産、負債等のストックの状況を総括的に表示した報告書であるが、地方公共団体にバランスシートを導入した場合、当該地方公共団体の財政状況をどのような意味で明らかにすることができるかを予め確認する必要があると考えたためである。また、地方公共団体で作成されるバランスシートは、住民に資産等の状況を明らかにする上でも役立つものであることが望まれる。

　さて、会計学における解釈も参照すると、いわゆるバランスシートの意義はいくつかに分類することができる。

　一つには財産目録の要約表としてのバランスシートがある。

　これはバランスシート作成の目的を企業の債務弁済能力の把握に重きを置いた考え方であり、換金価値のあるものを、時価により、資産に計上するものである。

これに対し、バランスシートを期間損益計算の補助手段として用いるために、費用となっていない支出を一覧表にしたバランスシートがある。
　さらに第三の分類として、企業内部における資金の源泉と使途を表すバランスシートがある。
　これは、経営資源の状況とその経営資源を調達するための財源の状況を明らかにするものであり、企業の合理的な経営管理に役立てようとするものである。資産の評価は原則として、取得原価によることになる。
　当研究会では、これらのバランスシートの意義を勘案した結果、専ら第三の考え方に沿ってバランスシートを作成する見解をとることとした。
　すなわち、第一の考え方は企業の清算を前提にするものであるが、地方公共団体では清算が予定されていない。また、第二の考え方は期間損益計算を前提にするものであり、営利活動を目的としない地方公共団体の財務活動に馴染まない。これらに対して第三の考え方は、もともと効率的な企業経営を行うために経営者が自らの経営資源等を的確に把握することを目的として提唱されたものであり、税金の効率的な活用が求められる地方公共団体の財務運営に役立つものと考えられるためである。
　以上の検討に基づき、当研究会としてはバランスシートの作成に当たっては、いわゆる取得原価主義を採用することとした。取得原価は支出の事実に基づくものであり一義的に決められることから、地方公共団体間の比較にも馴染むものと考えられる
　取得原価としては決算統計[※2]のデータを用いることとした。決算統計のデータは資産形成のために実際に投下された税等の額を示しているからである（データの妥当性）。また、決算統計のデータを用いることにより、原則的に全ての地方公共団体を通じて統一的にデータを把握できること（各地方公共団体間の統一性）、電算処理化された昭和44年度に遡ってデータの操作が比較的容易であること（データ収集の簡易性）等の特長も指摘できるこの手法によることで、小規模な地方公共団体でも比較的容易にバランスシート作成に取り組むことが可能になるものと考えられる。
　なお、昭和43年度以前の取得財産は、現在の物価水準からみてそ

の価額が相当に小さく、減価償却を行えば未償却残高は僅少であるものと考えられるが、昭和43年度以前の取得財産についても確実なデータに基づくもので、各地方公共団体が資産計上することが望ましいと判断する湯合には、計上することが適当であると考えられる。

続いて、バランスシート作成に当たっての基本的な前提条件を整理した。

当研究会においては先行研究の成果を基礎に、近年地方公共団体で作成されているバランスシートも参照しながら検討を進めることとした。また、検討に当たっては、複数の市の協力の下に、決算統計等の資料の制約等を確認することとした。

まず、対象とする会計は普通会計[*3]とした。

公営企業会計では既にバランスシートが作成されているところである。

また、流動・固定の別は一年基準によることとした。

続いて、資産の部の整理を行った。

有形固定資産の評価額は、決算統計の普通建設事業費の額を累計することにより求めることとした。普通建設事業費とは、道路、橋りょう、学校、庁舎等公共用又は公用施設の新増設等の資産形成に資する事業に要する投資的経費である。

また、実際の有形固定資産が、土地を除いて、経常的に減価している事実に鑑み、後世代に継承される資産を把握する観点から減価償却を行うこととした。

なお、減価償却は耐用年数が資産の特性を極力反映していることが望ましいこと、決算統計資料との整合性を図ることが好ましいこと等を勘案し、決算統計の普通建設事業費の区分ごとに、地方公営企業法施行規則の定める耐用年数等を参考にして耐用年数を設けることとした。維持補修等を行うことによって、相当長期にわたって供用されることが予想される資産があるが、こうした資産についても、実際に経常的に減価している事実に鑑み、耐用年数を設けることとした。

国等より補助金等の交付を受けて形成された有形固定資産は計上することとしたが、他団体に支出した補助金、負担金等により形成

された有形固定資産は計上しないこととした。これは、当該団体が所有・管理する財産を資産計上するとの考え方に基づくものである。

また、有形固定資産は行政目的別に分類・表示することとし、別途内書きで土地の取得累計額を一括表示することとした。これは、バランスシートができるだけ財政運営にも役立つように資産形成分野を明らかにすることが望ましい、との考え方によったものである。

なお、当該団体に形成されている資産の状況を住民にわかりやすく開示する観点から、決算書に添付される「財産に関する調書」等の内容を踏まえ、主な有形固定資産について、附属書類で取得価額、減価償却累計額等の情報を表示することとし、土地については附属書類で主要な分野ごとの昭和44年度以降の取得累計額を明らかにすることとする。

また、今回の研究会の検討においては繰延資産は設けないこととした。繰延資産は将来費用化するものを資産の計算項目として計上する手法であるが、今回の研究では、損益計算を前提としていないこと等から繰延資産は設けないこととしたものである。

負債の部では、次のような検討を行った。

地方債に関連しては、将来の交付税措置が予定されている地方債の表示方法が議論された。この場合、将来の交付税措置とは基準財政需要額に公債費の一定割合を含めて算定するということであって、後年度に現金の収入が予定されることと同義ではないので、本表に表示等しないこととした。なお、この情報については参考として、別途、附属書類に表示することも考えられる。

また、見返り資産のない、いわゆる赤字地方債についても当該団体の財政状況を認識する上で重要な情報と考えられることから、負債の部に計上することとした。

退職給与引当金については、地方公共団体の実務においては、通常、退職手当が制度化されていることから、負債科目に計上することとした。退職手当を支給すべき事由が既に発生していること及び財政状況を的確に表示する観点から、要支給額の100％を引当金計上することとした。

なお、退職手当組合に加入している地方公共団体については、退職手当の支払債務を負うのは、直接には退職手当組合となることか

ら、加入団体自身の負債科目に計上すべきか議論がなされたが、支給される退職手当の財源は組合構成団体の負担金で賄われていることから、こうした団体についても退職手当要支給額を計上することとした。

債務負担行為に関連しては、PFI等により整備された、見返り財源の無い資産の貸方表示の方法が議論されたが、これについては、見返り財源を「債務負担行為」として負債科目に計上することとした。また、第三セクター等の損失補償等に係る債務負担行為の設定額は、債務が確定したものを除き、いわば偶発債務に相当する参考情報として欄外注記することとし、利子補給等に係る債務負担行為設定額も参考情報として欄外注記することとした。

正味資産の部では、次のような検討を行った。

まず、部の名称について、バランスシートの利用者がこの部を、企業会計における資本、持分のように誤解しないような名称とすべきとの指摘があり、当研究会では、正味資産の名称を用いることとした。

正味資産科目は、国庫支出金・都道府県支出金と一般財源等に区分して表示することとした。ここで国庫支出金・都道府県支出金とは、資産形成の財源となったものを指しており、財政運営上重要な情報であると考えられる。また、国庫支出金・都道府県支出金は普通建設事業費の区分ごとに耐用年数に合わせて償却することとした。

以上の検討のほかに、作成したバランスシートの活用方法について検討した。企業会計の財務指標を参考にした分析手法、行政運営コストの分析等が議論されたが、これらについては、今後、バランスシートの作成事例を積み重ねる中で分析の知見を増すことが必要であると考えられる。先述したとおり、今回検討した作成手法によれば、地方公共団体でのバランスシート作成の取組が容易になると考えられることから、多くの作成事例を検討することを通じて、バランスシート間の比較可能性を向上させるとともに、作成手法の一層の改良・改善を図ることが期待される。

なお、地方公共団体と民間企業とではその活動目的、資産の意味

等が大きく異なることは先述したところであり、当研究会において検討したバランスシートと民間企業のバランスシートを単純に比較することはできないことに留意しなければならない。

Ⅲ　バランスシートの具体的な作成手法

上記の検討を踏まえ、改めてバランスシートの具体的な作成手法等を整理すれば、次のとおりである（なおここでは市町村がバランスシートを作成する場合を念頭に整理している。）。

1　作成上の基本的前提

○対象会計範囲

　普通会計を対象とする。

○一年基準

　固定・流動の区分については、原則として一年基準を採用する。

○配列法

　固定性配列法とする。

○バランスシート作成の基準日

　会計年度の最終日をバランスシート作成の基準日とする。

○出納整理期間

　出納整理期間（4月1日～5月31日）における出納については、バランスシート作成の基準日までに終了したものとして処理する。

○基礎数値

　電算処理化された昭和44年度以降の決算統計データを基礎数値として用いるものとする。決算統計データを用いることによりいずれの団体においても比較的簡易にまた継続的にバランスシートを作成することが可能になるものと考えられる。

2　資産

(1)　資産の意義

　一会計年度を超えて、地方公共団体の経営資源として用いられると見込まれるものをいうものとする。

(2)　資産科目の分類

　資産科目は有形固定資産、投資等及び流動資産に分類して表示するものとする。

(3)　有形固定資産の評価基準

　実際に投下した税等の資金の運用形態を表す観点から、取得原価主義によることとする。

(4) 有形固定資産の評価方法について

　　資産形成のために実際に投下された税等の額を表す普通建設事業費をもって有形固定資産の取得原価とするものとし、普通建設事業費の把握は、データの妥当性、各地方公共団体間の統一性、データ収集の簡易性等の観点から、原則として、昭和44年度以降の決算統計データによるものとする。なお、昭和43年度以前の取得資産についても確実なデータに基づくもので、各地方公共団体が資産計上することが望ましいと判断する場合には、計上することが適当である。

(5) 国等より交付を受けた補助金等の取扱い

　　地方公共団体が国等より補助金等の交付を受けて有形固定資産を整備する場合があるが、実際に有形固定資産を所有・管理している地方公共団体の資産として表示するのが妥当であると考えられることから、本表上に計上することとする。

(6) 他団体に支出した補助金、負担金等の取扱い

　　他団体（国、都道府県、一部事務組合、民間等）に支出した補助金、負担金等により当該団体外に有形固定資産が形成される場合があるが、本表には計上しないこととする。

　　なお、これらの支出に関する情報も当該団体のストックに関連する情報であることから、本表には計上しないが、別途、附属書類により支出分野、支出額等を記録することとする。

(7) 有形固定資産の表示方法

　　財政運営に役立つようなものとするため、総務費、民生費等の行政目的別に区分して表示することとする。

　　また、別途、附属書類を作成し、主な有形固定資産の取得価額、減価償却累計額等の情報や土地について主要な投資分野ごとの昭和44年度以降の取得累計額を明らかにすることとする。

(8) 減価償却の意義

　　期間損益計算を行うためでなく、翌年度以降に継承される資産を把握するため、減価償却の手法を用いることとする。

(9) 減価償却を行わない資産

　　土地については減価償却を行わないこととする。

(10) 減価償却の方法

　　普通建設事業費の各区分ごとに地方公営企業法施行規則等を参

考に耐用年数を設定し、その区分ごとに、定額法により減価償却を行うこととする。この手法によれば、庁舎等特徴のある資産を区別して、昭和44年度から将来にわたって、決算統計のデータとリンクして減価償却計算を行うことが可能になり、一貫性のある分析が可能になるものと考えられる。

なお、特に、設定した耐用年数と異なる耐用年数によることが明らかに妥当であるときは、別の耐用年数による減価償却計算を妨げない。

(11) 耐用年数

別の耐用年数によらない場合は、原則として以下の耐用年数によることとする（耐用年数の妥当性については、今後さらに検討する。）。

有形固定資産耐用年数表

区分	耐用年数	区分	耐用年数
1 総務費		7 土木費	
(1) 庁舎等	50	(1) 道路	15
(2) その他	25 ※	(2) 橋りょう	60
2 民生費		(3) 河川	50
(1) 保育所	30	(4) 砂防	50
(2) その他	25 ※	(5) 海岸保全	50
3 衛生費	25	(6) 港湾	50
4 労働費	25 ※	(7) 都市計画	
5 農林水産業費		ア 街路	15
(1) 造林	25 ※	イ 都市下水路	20
(2) 林道	15	ウ 区画整理	40
(3) 治山	30	エ 公園	40
(4) 砂防	50	オ その他	25 ※
(5) 漁港	50	(8) 住宅	40
(6) 農業農村整備	20	(9) 空港	25 ※
(7) 海岸保全	50	(10) その他	25 ※
(8) その他	25 ※	8 消防費	
6 商工費	25 ※	(1) 庁舎	50
		(2) その他	10
		9 教育費	50
		10 その他	25 ※

※は別途調査に基づく平均的な有形固定資産の耐用年数

(12) 投資等

投資等は、「投資及び出資金」、「貸付金」、及び「基金」に分類

し、「投資及び出資金」については額面により評価、計上すること
とする。
　また、基金のうち流動性の高いものについては、流動資産に分
類することとする。
⒀　流動資産
　流動資産は、流動性の高い基金である「財政調整基金」及び
「減債基金」、形式収支に相当する「歳計現金」並びに「未収金」
に分類して表示することとする。
　また「未収金」は、「地方税」及び使用料等の未収に係る「その
他」に区分して表示することとする。
⒁　寄附を受けた資産等の取扱い
　寄附を受けた資産等については、決算統計の普通建設事業費で
は把握できない情報であるが、各地方公共団体の判断により、合
理的に算定した額を計上することとする。

3　負債

⑴　負債科目の分類
　負債科目は、固定負債と流動負債に分類して表示する。
　固定負債は「地方債」、「退職給与引当金」及び「債務負担行為」
に、流動負債は「地方債翌年度償還予定額」及び「翌年度繰上充
用金」に分類して表示することとする。
⑵　地方債
　バランスシート作成基準日における地方債残高から、流動負債
に相当するもの、すなわち翌年度に予定されている元金償還額を
控除した額を計上することとする。
　また、当該団体の財政状況を的確に表示する観点から、見返り
資産を計上できない退職手当債等についても将来の財政負担要因
として本表に計上することとする。
　なお、将来の元利償還に係る交付税措置が予定されている場合
は、必要に応じ附属書類で表示することとする。
⑶　退職給与引当金
　地方公共団体の職員に対しては、その勤続年数に応じて退職手
当を支給することが条例で定められているのが通常であるから、
年度末に職員全員が普通退職したと想定し、その要支給額を引当

金計上することとする。

なお、退職手当組合に加入している団体についても、同様の考え方により引当金を計上することとする。

(4) 債務負担行為

PFI等の手法により整備した資産で、債務負担行為による債務が残っているが既に物件の引渡しを受けたものについては、今後の支払予定額をもって資産計上し、見返り財源として「債務負担行為」を負債科目に計上することとする。

また、第三セクター等の損失補償等に係る債務負担行為については偶発債務に相当するものとして欄外注記するが、これらのうち既に履行すべき額が確定したものについては、見返り資産がない場合においても負債科目に計上することとする。

その他の債務負担行為設定額については、欄外注記することとする。

(5) 地方債翌年度償還予定額

地方債の年度末残高のうち、翌年度に予定されている元金償還額を計上することとする。

(6) 翌年度繰上充用金

使途が投資的経費に限定されないが、流動負債として計上することとする。

4 正味資産

(1) 名称

営利活動を目的としない、地方公共団体のバランスシートを作成するものであることから、資本、持分等の名称は避け、「正味資産」の呼称を用いることとする。

(2) 正味資産科目の分類

正味資産は、国庫支出金・都道府県支出金と一般財源等に分類して表示することとする。

5 附属書類及び欄外注記

(1) 附属書類

バランスシート上に表示する情報が詳細すぎると概観性を失うことになりかねないので、詳細情報については適宜、附属書類で

開示することとする。

　開示する情報としては、例えば次のような書類が考えられる。
○有形固定資産明細表
　有形固定資産の取得価額、減価償却累計額等の情報を表示する。
○土地明細表
　主な投資分野ごとに、土地の取得価額の累計額を表示する。
○普通建設事業費に係る補助金、負担金等の状況
　普通建設事業費により他団体に支出した補助金、負担金等の累積額を表示するとともに、最近5年間程度については各年度ごとの行政目的別の支出額を表示する。
○主な施設の状況
　主な有形固定資産の名称、取得価額、減価償却累計額等の情報を表示する。

(2)　欄外注記

　バランスシートと一体となって利用者に伝達すべき情報は、欄外注記する。

　欄外注記すべきものとしては、例えば次のような情報が考えられる。
○債務負担行為に関する情報
　「物件の購入等に係るもの」、「債務保証又は損失補償に係るもの」及び「利子補給等に係るもの」に区分して表示する。

Ⅳ　バランスシートを活用した財務分析

　以上の手法を用いてバランスシートを作成することにより、税金の投入等により整備された資産の構成や、将来返済しなければならない負債と返済を要しない正味資産との比率等のストックに関する情報の把握が可能になり、作成されたバランスシートを地方公共団体間又は時系列で比較する場合にも役立つものと期待される。

　こうした分析も活用しながら、住民等に対して作成したバランスシートの広報・解説を行うことが重要と考えられる。

　分析の手法としては、具体的には次に掲げるようなものが考えられよう。

　なお、今後多くの作成事例を積み重ねることによって、ここに掲げた以外の分析手法も可能になるものと期待される。

(1)　社会資本形成の世代間負担比率

　社会資本の整備の結果を示す有形固定資産のうち、正味資産による整備の割合を見ることによって、これまでの世代によって既に負担された分の割合を見ることができると考えられる。

　また、負債に着目すれば、将来返済しなければならない分の割合を見ることができる。

(2)　予算額対資産比率

　歳入総額に対する資産の比率を計算することにより、ストックである資産の形成に何年分の歳入が充当されたかを見ることができる。

(3)　有形固定資産の行政目的別割合

　有形固定資産の行政目的別割合を見ることにより、行政分野ごとの資産形成の比重を把握することができる。

　このデータを団体間で比較することにより、団体ごとの資産形成の特徴を理解することができる。

　こうした分析により、今後の資産整備の方向性を検討するのに役立つものと考えられる。

(4)　有形固定資産の行政目的別経年比較

　行政目的別の有形固定資産を経年比較することにより、行政分野ごとに社会資本がどのように形成されてきたかを理解することができる。

(5) 住民一人当たりバランスシート

　　通常のバランスシートでは、団体の人口規模等により単純な他団体比較が困難であるが、バランスシートの各項目の数字を住民一人当たりで算出することにより、単純な比較に役立つものと考えられる。

(6) 行政運営コストの算定

　　減価償却の考え方を発展させることにより、当該会計年度の現金の出納に止まらず、行政運営コストを説明する計算書が作成できるものと考えられる。

【用語注釈】

＊1) 財政指標

　　地方公共団体の財政状況を分析するための指標。地方公共団体の財政構造の弾力性を判断するための経常収支比率、地方公共団体における公債費による財政負担の度合いを判断するための公債費負担比率、地方公共団体の財政力を示す財政力指数等の財政指標がある。

＊2) 決算統計

　　地方公共団体の毎年度の決算状況を、自治省が統一ルールに基づいて集計し、作成した統計。地方財政全体の毎年度の執行状況を表す基礎的な統計。

＊3) 普通会計

　　地方公共団体における一般会計と公営事業会計以外の特別会計を純計した地方財政統計上統一的に用いられる会計区分。公営事業会計とは、地方公共団体の経営する公営企業、国民健康保険事業、老人保健医療事業、収益事業、公益質屋事業、農業共済事業、交通災害共済事業及び公立大学附属病院事業に係る会計の総称である。

＊4) 退職手当組合

　　市町村が構成する一部事務組合の一つであり、構成団体より負担金の納入を受けることにより、退職手当の支給に関する事務等を共同処理することを目的としている。平成7年現在86％の市町村が退職手当組合を構成している。

資料2

第2　類似団体について

Ⅰ　はじめに

　市町村が財政運営の健全性を確保していくためには、自らの財政状況を分析して問題の所在を明らかにし、それを将来の財政運営に反映させていくことが適当である。分析に当たっては、自らの財政状況を他の団体と比較することが有効であるが、比較対象は、その態様（財政状況を決直する前提条件［例：人口］）が自らと類似している団体であることが望ましい。

　類似団体とは、そのような比較検討の資料を提供するため、自治省において、態様が類似している団体ごとに作成されている類型のことであり、「類似団体別市町村財政指数表」において、類似団体ごとに、最新の決算結果に基づく標準的な財政指数が示されている。

　現在、類似団体の類型は、市（政令市を除く。）及び町村別に、団体の人口及び第2次・第3次産業人口比率を基準として、設定されている。

　人口及び第2次・第3次産業人口比率という基準は、昭和34年度の類似団体の類型設定に当たって採用されたものでありその後、抜本的な変更を加えられることなく今日に至っている。

　一方、この間、社会、経済等、地方財政を取り巻く環境は大きく変化してきている。たとえば、昭和35年当時32.6％であっ.た第1次産業人口比率は平成7年度には6.0％まで減少し、第2次・第3次産業人口が94％を占めるようになっている。また、都市の拡大、交通機関の発達等に伴い、昼間人口と居住人口との差が拡大してきた。

　したがって、現行基準が、今日においても、なお有効であるか、また、より有効な基準が他にないかどうか検討する必要がある。

　また、平成8年4月1日の12市を皮切りに、中核市への移行が進んできている。中核市は他の市とは行政権能が異なるにもかかわらず、現行の類似団体の類型設定基準においては、中核市であるかどうかについての考慮はなされていない。

　以上の点を踏まえ、当研究会では、現行の類似団体の類型設定基

準について、見直しを行う必要がないかどうか、検討を行うこととしたところである。

Ⅱ 当研究会の検討の概要

　前述のとおり、類似団体は、市町村が自らの財政状況を他の団体と比較・分析する上で、財政状況を決定する前提条件が自らと類似している団体を比較対象とすることが必要であることから、そのような比較・分析の尺度として用いるために作成されているものである。

　したがって、類似団体の類型設定基準は、市町村の財政状況を決定する度合いが強いことが必要である。また、仮に各地方公共団体の財政運営上の判断によって影響される基準（例：職員数）を採用した場合、同様の財政運営を行っている団体同士が類似団体となり、自らの財政運営を省みる役には立たないことから、各地方公共団体の財政運営上の判断に影響されない基準とすることも必要である。さらに、市町村ごとに統計数値が整備されている必要がある。

　類似団体の類型設定基準が満たすべきこのような条件を踏まえて、当研究会では、①人口、②就業者数、③第１次産業人口、④第２次産業人口、⑤第３次産業人口、⑥65歳以上人口、⑦市町村別面積、⑧第１次産業人口比率、⑨第２次産業人口比率、⑩第３次産業人口比率、⑪人口増減率、⑫卸売業商店数、⑬卸売業従業者数、⑭卸売業年間販売額、⑮小売業商店数、⑯小売業従業者数、⑰小売業年間販売額及び⑱小売業売場面積を取り上げ、基準として適当かどうか検討した。

　このうち、⑫〜⑱は、「商業統計調査」（通商産業省作成）に基づくデータであるが、これらを取り上げたのは、現行の基準である第２次・第３次産業人口比率が、
・　第１次産業人口比率が減少し、第２次・第３次産業人口比率が極めて高くなっていること
・　昼間人口と居住人口との間に大きな差が生じてきたこと
から、その機能が低下してきている可能性があると考えられるのに対し、⑫〜⑱はこれらの点には左右されないためである。

　上記①〜⑱は、各地方公共団体の財政運営上の判断に直接影響さ

れるものではない。また、統計も整備されている。このため、検討は、上記①～⑬が市町村の財政状況を決定する度合いが強いかどうかの確認を中心に行うこととし、また、その際には統計的手法を活用することとした。

「市町村の財政状況」は様々な角度から分析することができる。したがって、上記検討に当たっては、何をもって「財政状況」を代表させるかが問題となるが、当研究会では、財政規模及び財政構造を取り上げることとした。これは、この両者によって、財政状況の枠組みが説明されると考えられるからである。

特に、財政規模については、歳入及び歳出の主要要素の変動を説明する度合いが強いことが、主成分分析及び因子分析を行った結果、確認されたところである。

このうち、「財政規模」としては、歳入総額及び歳出総額を用いることとした。

また、「財政構造」としては、歳入に占める地方税の割合を用いることとした。これは、財政構造としては、歳入面と歳出面(あるいは両者の組み合わせ)とが考えられるが、歳出構造は歳入構造と比べて財政運営上の政策判断に左右されやすいことから、歳入構造に着目することとし、さらに、歳入科目の中では、地方財源、特に地方公共団体が自由に使用できる一般財源の中心的地位を占める地方税に着目することにしたものである。

第一に、財政規模と上記①～⑬との関係を、二次元散布図、回帰分析等の手法により分析した。

その結果、財政規模との間に強い相関関係が認められ、かつ、現在基準として用いられている人口を、引き続き採用することが適当と判断した。人口以外にも、就業者数等、財政規模との間に強い相関関係が認められるものもあったが、これらは人口により代表することが可能であり、また、現行基準との継続性を重視すべきと考えたためである。

続いて、人口を基準として採用することを前提に、それを補完する基準(人口による区分を更に細分化する基準)として、現在基準として用いられている第2次・第3次産業人口比率と、財政規模との間に強い相関関係が認められた小売業従業者数の有効性を比較した。その結果、市については、小売従業者のほうが有効であったが、

町村については優劣がつけがたかった。

　第二に、小売業従業者数及び第2次・第3次産業人口比率が財政構造を決定する度合いが強いかどうかを検討することとした。

　このため、人口によって財政規模別に分類された地方公共団体を、さらに第2次・第3次産業人口比率及び小売業従業者数により区分し、それぞれの区分が、財政構造を反映していることかどうか確認した。

　その結果、第2次・第3次産業人口比率による区分は、町村については財政構造を強く反映していることが明らかとなった。ただし、市についてはその程度は低かった。また、小売業従業者数による区分は、市については財政構造を反映しているが、その程度は必ずしも高くなく、町村については、財政構造を反映しているとは言えなかった。

　以上の検討結果に基づき、類似団体の類型設定基準については、

① 　現行の基準である人口は、類型設定基準として有効に機能しており、引き続き採用するべき

② 　現行の基準である第2次・第3次産業人口比率は、一部、有効に機能していない面もあるが、町村については有効に機能していること、これより明らかに優れた基準が他にないこと、現行基準との継続性も尊重すべきことから、引き続き採用するべき

③ 　ただし、分類の精度を上げる観点から、小売業従業者数も部分的に採用することとするべき（①及び②による区分のうち、該当団体の多い区分を、小売業従業者数の基準を用いて細分化する。）と考えられる。

　また、中核市については、他の市とは行政権能が異なること等を踏まえ、類似団体の類型設定を行う上で、区別して取り扱うべきと考えられる。

参考資料

地方公共団体の総合的な財政分析に関する調査研究会報告書

平成12年　3　月　自治省

バランスシートの作成方法について

　昭和44年度以降の「地方財政状況調査表」（以下「決算統計」という。）を基本データとして、バランスシート及び附属書類を作成するものとし、決算統計により難い科目については、別途算出するものとする。

　附属書類については、基本的には、次の諸表を最低限作成するものとし、各団体の実情に応じて、その他必要と考えられる参考資料を添付すること。

○有形固定資産明細表
○土地明細表
○普通建設事業費に係る補助金・負担金等の状況
○主な施設の状況

その他、計算補助表として以下の表を作成する。

●有形固定資産集計表①②③④⑤（昭和44年度〜平成N年度）
●減価償却計算表
●国庫・都道府県支出金償却計算表
●国庫・都道府県支出金算出表
●補助金・負担金等集計表（昭和44年度〜平成N年度）
●補助金・負担金等計算表

I　バランスシートの作成要領

(注) この作成要領は、市町村が作成する場合を念頭にし、市町村分の決算統計を基に整理したものである。

［資産の部］

1．有形固定資産

　昭和44年度からN年度までの普通建設事業費の費目ごとの累計額とする。
　ただし、他団体等に対する補助金・負担金は控除するものとし、用地取得費以外の普通建設事業費は減価償却を行うものとする。
　　　【「○有形固定資産明細表」から費目ごとに残存価額を転記する。】
　うち土地　→　【「○土地明細表」の取得価額の合計を転記する。】

　有形固定資産合計・・・・・（A）

　なお、PFI等の手法により整備した資産で、債務負担行為による債務が残っているが既に物件等の引き渡しを受けたものについては翌年度以降の支出予定額をもって資産計上する。
　また、昭和43年度以前の取得物件、寄附された資産、無償譲渡された資産等の決算統計で把握できない資産については、資産計上の必要性、妥当性等を適宜判断し合理的に算出した額を計上しても差し支えないものであること。

2．投資等
(1) 投資及び出資金　→　N年度末残高
　　　　　　　　　【決算統計30表16行（11）列を転記する。】
(2) 貸付金　→　N年度末残高
　　　　　　　　　【決算統計30表01行（11）列を転記する。】
(3) 基金
　①特定目的基金　→　N年度末現在高
　　　　　　　　　【決算統計29表06行（3）列を転記する。】

②土地開発基金 → N年度末現在高
【決算統計29表06行（5）列を転記する。】
③定額運用基金 → N年度末現在高
【決算統計29表06行（6）列を転記する。】
　基　金　計　→　①＋②＋③

　投資等合計　→　(1) ＋ (2) ＋ (3) ・・・・・・・・・(B)

3．流動資産
(1) 現金・預金
①財政調整基金 → N年度末現在高
【決算統計29表06行（1）列を転記する。】
②減債基金 → N年度末現在高
【決算統計29表06行（2）列を転記する。】
③歳計現金 → N年度の歳入歳出差引額＝形式収支
【決算統計02表01行（3）列（△の場合は0とする。）を転記する。】
　現金・預金計　→　①＋②＋③
(2) 未収金
①地方税 → N年度歳入歳出決算書の地方税の収入未済額を転記する。
②その他 → N年度歳入歳出決算書の地方税を除く収入未済額の合計額とする。
　未　収　金　計　→　①＋②

　流動資産合計　→　(1)＋(2)　・・・・・・・・・(C)

資　産　合　計　→　(A)＋(B)＋(C)

[負債の部]

1．固　定　負　債
(1) 地方債 → N年度末地方債現在高－（N＋1）年度地方債償還予定額（元金）

資料2

　　　　　　　　　【決算統計33表37行（9）列−36表01行（8）列とする。】
(2) 債務負担行為
　　①物　件　の　購　入　等　→　PFI等の手法により整備した有形固定資産で、物件の引渡しを受けたものについて、翌年度以降の支出予定額を計上する。

　　②債務保証又は損失補償　→　履行すべき額が確定したものについて、翌年度以降の支出予定額を計上する。
　　　　　　　　　【決算統計37表17行（2）列＋37表20行（2）列とする。】

　　債務負担行為計　→　①＋②

(3) 退職給与引当金　→　N年度末に全職員が普通退職した場合の退職手当総額
　　　算定に当たっては、一人ごとの積み上げ方式が望ましいが、作業量・作業時間等が膨大に及ぶ場合は、推計値でも差し支えない。
　　　推計方法の例としては、（対象職員数×平均給料月額×平均勤務年数による普通退職の支給率）のような方法が考えられる。
　　固定負債合計　→　(1)＋(2)＋(3)・・・・・・・・・(D)

2. 流動負債
(1) 翌年度償還予定額　→　(N＋1) 年度地方債償還予定額（元金）
　　　　　　　　　　【決算統計36表01行（8）列を転記する。】
(2) 翌年度繰上充用金　→　翌年度歳入繰上充用金
　　　　　　　　　　【決算統計13表40行（1）列（△の場合のみ計上）を転記する。】
　　流動負債合計　→　(1)＋(2)・・・・・・・・・・(E)
　負　債　合　計　→　(D)＋(E)・・・・・・・・・・(F)

[正味資産の部]
1. 国庫支出金　→　昭和44年牽からN年度までの普通建設事業費に充てられた国庫支出金の累計額とする。

資料2

　　　　　　　　　　　ただし、用地取得費に充てられた国庫支出金
　　　　　　　　　　　以外は償却を行う。
　　　【「●国庫・都道府県支出金算出表」から国庫支出金の合計額を
　　　転記する。】
2. 都道府県支出金　→　昭和44年度からN年度までの普通建設事業
　　　　　　　　　　　費に充てられた都道府県支出金の累計額と
　　　　　　　　　　　する。
　　　　　　　　　　　ただし、用地取得費に充てられた都道府
　　　　　　　　　　　県支出金以外は償却を行う。
　　　【「●国庫・都道府県支出金算出表」から都道府県支出金の合計
　　　額を転記する。】
3. 一般財源等　→　資産合計－負債合計－（国庫支出金＋都道府県支出金）
　　　正味資産合計　→ 1 ＋ 2 ＋ 3 ・・・・・・・・・・・（G）
　　　負債・正味資産合計　→　（F)＋(G)

〈欄外注記〉
※債務負担行為に関する情報
　①物件の購入等に係るもの　→　翌年度以降の支出予定額を転記
　　　　　　　　　　　　　　　する。
　　　　　　　　　　　　　　【決算統計37表01行（2）列】
　　　　　　　　　　　　　　（本表に計上したものを除く。）
　②債務保証又は損失補償に係るもの　→　債務負担行為限度額を
　　　　　　　　　　　　　　　　　　　転記する。
　　　　　　　　　　　　　　【決算統計37表15行（1）列】
　　　　　　　　　　　　　　（本表に計上したものを除く。）
　③利子補給等に係るもの　→　翌年度以降の支出予定額を転記す
　　　　　　　　　　　　　　る。
　　　　　　　　　　　　　　【決算統計37表23行（2）列】

Ⅱ. 計算補助表の作成要領

バランスシートの「[資産の部] 1．有形固定資産」、「[正味資産の部] 1．国庫支出金、2．都道府県支出金」及び附属書類の作成のために、以下の計算補助表を作成する。

●有形固定資産集計表（各年度ごとに、以下により作成する。）

①．普通建設事業費〔補助事業・単独事業〕

　決算統計「投資的経費の状況」の「その1　普通建設事業費の状況」から、様式に沿って補助事業、単独事業別に金額を転記する。

②．普通建設事業費〔合計〕

　「①．普通建設事業費〔補助事業・単独事業〕」から、区分ごとに補助事業及び単独事業の合計額を算出し転記する。

③．普通建設事業費中用地取得費〔合計〕

　決算統計「投資的経費の状況」の「その2　用地取得費の状況」から、様式に沿って金額を転記する。

④．普通建設事業費中用地取得費〔再計〕

　用地取得費の決算額については、区分が「普通建設事業費の状況」と合致しないため、区分が一致しているものについては、「③．普通建設事業費中用地取得費〔合計〕」からそのまま転記する。

　費目区分が一致しないその他の用地取得費については、普通建設事業費の決算額（②．普通建設事業費〔合計〕のa欄とする。）に応じて按分することとし、以下により、費目内訳ごとの用地取得費を算出する。

$$その他の用地取得費 \times \frac{当該費目の普通建設事業費決算額}{費目区分が一致しない普通建設事業費決算額総額}$$

　なお、決算額の財源内訳の国庫・都道府県支出金についても、同様の方法で算出する。

⑤．用地取得費控除後の有形固定資産等

　「②．普通建設事業費〔合計〕」から「④．普通建設事業費中用地取得費〔再計〕」を控除し、減価償却対象有形固定資産並びに償却対象の国庫支出金及び都道府県支出金を算出する。

資料2

●減価償却計算表
（取得年度から償却を行うものとし、費目内訳ごとの減価償却累計額を以下により算出する。）
・償却年数　→　N年度を1年目とし、昭和44年度までとする。
・減価償却対象　→　「●有形固定資産集計表、⑤．用地取得費控除後の有形固定資産等」から年度別・費目内訳ごとに減価償却対象有形固定資産の額を転記する。
・一年当たり償却額　→　各年度別に「減価償却対象有形固定資産÷耐用年数（別紙）」で算出する。
・減価償却累計額　→　各年度ごとに「償却年数A×一年当たり償却額B」で算出した額（ただし、「償却年数≧耐用年数」となった場合、「A×B」は、減価償却対象有形固定資産の額と同額となる。）を合計する。

●国庫・都道府県支出金償却計算表
（取得年度から償却を行うものとし、費目内訳ごとの償却累計額を以下により算出する。）
・償却年数　→　N年度を1年目とし、昭和44年度までとする。
・償却対象支出金　→　「●有形固定資産集計表、⑤．用地取得費控除後の有形固定資産等」から年度別・費目内訳ごとに各償却対象支出金の額を転記する。
・一年当たり償却額　→　各年度別に「償却対象支出金÷耐用年数（別紙）」で算出する。
・償却累計額　→　各年度ごとに「償却年数A×一年当たり償却額B」で算した額（ただし、「償却年数≧耐用年数」となった場合、「A×B」は、償却対象支出金の額と同額となる。）を合計する。

●国庫・都道府県支出金算出表
・償却対象分（償却後）　→　「●国庫・都道府県支出金償却計算表」に基づき、各費目内訳ごとに各償却対象支出金の累計額から償却累計額を控除した額を転記する。
・償却対象外　→　「●有形別固定資産集計表、④．普通建設事業費

中用地取得費〔再計〕」から用地取得費の各支出金を各章目内訳ごとに転記する。
・各支出金合計　→　「償却対象分（償却後）」＋「償却対象外」
●補助金・負担金等集計表（各年度、以下により作成する。）
　決算統計「投資的経費の状況」の「その1　普通建設事業費の状況」から、補助事業費及び単独事業費については費目ごとの補助金の額を、県営事業負担金及び国直轄事業負担金等については費目ごとの決算額を、それぞれ様式に沿って各年度ごとに転記する。
●補助金・負担金等計算表
　「●補助金・負担金等集計表」の費目別・事業別の昭和44年度からの累計額とする。

Ⅲ　附属書類の作成要領

○有形固定資産明細表
　・取得価額
　　「●有形固定資産集計表、②．普通建設事業費〔合計〕」中、「普通建設事業費」、「Aのうちその団体で行うもの」の費目内訳ごとの昭和44年度からの累計額とする。
　・減価償却累計額
　　「●減価償却計算表」中、費目内訳ごとの減価償却累計額を転記する。
　・残存価額　→　取得価額－減価償却累計額

○土地明細表
　　「●有形固定資産集計表、③．普通建設事業費中用地取得費〔合計〕」中、「用地取得費」、「決算額B」、を「道路橋りょう」、「街路」、「公営住宅」、「小学校」、「中学校」及び「その他」に区分し、区分ごとの昭和44年度からの累計額とする。
○普通建設事業費に係る補助金・負担金等の状況
　・昭和44年度以降累計額　→　「●補助金・負担金等計算表」の費目ごとの合計額を転記する。
　・直近5カ年の実績　→　「●補助金・負担金等集計表」の直近の5年間の費目ごとの合計額を転記する。

資料2

○主な施設の状況

　住民に身近な有形固定資産（小学校や市民会館等の施設）を抽出して表示することとする。

　なお、取得価額については、用地取得費を含めないものとする。

（別紙）

有形固定資産耐用年数表

区　　　分	耐用年数	区　　　分	耐用年数
1　総　務　費		7　土　木　費	
（1）庁　舎　等	50	（1）道　　　路	15
（2）そ　の　他	25 ※	（2）橋　りょう	60
2　民　生　費		（3）河　　　川	50
（1）保　育　所	30	（4）砂　　　防	50
（2）そ　の　他	25 ※	（5）海　岸　保　全	50
3　衛　生　費	25	（6）港　　　湾	50
4　労　働　費	25 ※	（7）都　市　計　画	
5　農林水産業費		ア　街　　　路	15
（1）造　　　林	25 ※	イ　都市下水路	20
（2）林　　　道	15	ウ　区画整理	40
（3）治　　　山	30	エ　公　　　園	40
（4）砂　　　防	50	オ　そ　の　他	25 ※
（5）漁　　　港	50	（8）住　　　宅	40
（6）農業農村整備	20	（9）空　　　港	25 ※
（7）海　岸　保　全	50	（10）そ　の　他	25 ※
（8）そ　の　他	25 ※	8　消　防　費	
6　商　工　費	25 ※	（1）庁　　　舎	50
		（2）そ　の　他	10
※は別途調査に基づく平均的な有形固定資産の耐用年数		9　教　育　費	50
		10　そ　の　他	25 ※

資料2

Ⅳ 様式

バランスシート
(平成N+1年3月31日現在)

(単位:千円)

借　　　　　方	貸　　　　　方
[資産の部] 1．有形固定資産 　(1)総　務　費　_____ 　(2)民　生　費　_____ 　(3)衛　生　費　_____ 　(4)労　働　費　_____ 　(5)農林水産業費　_____ 　(6)商　工　費　_____ 　(7)土　木　費　_____ 　(8)消　防　費　_____ 　(9)教　育　費　_____ 　(10)そ　の　他　_____ 　　　　計　　　_____ 　(うち土地　　　_____) 　有形固定資産合計　　　_____ 2．投　資　等 　(1)投資及び出資金　_____ 　(2)貸　付　金　_____ 　(3)基　　　金 　①特定目的基金　_____ 　②土地開発基金　_____ 　③定額運用基金　_____ 　　基　金　計　_____ 　投　資　等　合　計　_____ 3．流　動　資　産 　(1)現金・預金 　①財政調整基金　_____ 　②減　債　基　金　_____ 　③歳　計　現　金　_____ 　　現金・預金計　_____ 　(2)未　収　金 　①地　方　税　_____ 　②そ　の　他　_____ 　　未　収　金　計　_____ 　流　動　資　産　合　計　_____ 　資　産　合　計　　　_____	[負債の部] 1．固　定　負　債 　(1)地　方　債　_____ 　(2)債務負担行為 　　①物件の購入等　_____ 　　②債務保証又は損失補償　_____ 　　　債務負担行為計　_____ 　(3)退職給与引当金　_____ 　　固　定　負　債　合　計　_____ 2．流　動　負　債 　(1)翌年度償還予定額　_____ 　(2)翌年度繰上充用金　_____ 　　流　動　負　債　合　計　_____ 　負　債　合　計　　　_____ [正味資産の部] 1．国　庫　支　出　金　_____ 2．都道府県支出金　_____ 3．一　般　財　源　等　_____ 　正　味　資　産　合　計　_____ 　負債・正味資産合計　_____

※債務負担行為に関する情報　①物件の購入等に係るもの　　　　　　　　_____千円
　　　　　　　　　　　　　②債務保証又は損失補償に係るもの　_____千円
　　　　　　　　　　　　　③利子補給等に係るもの　　　　　　_____千円

資料2

○有形固定資産明細書

(単位：千円)

	取得価額 A	減価償却累計額 B	残存価額 A－B
総　務　費			
庁　舎　等			
そ　の　他			
民　生　費			
保　育　所			
そ　の　他			
衛　生　費			
清　掃　費			
ごみ処理			
し尿処理			
そ　の　他			
環境衛生費			
そ　の　他			
労　働　費			
農林水産業費			
造　　　林			
林　　　道			
治　　　山			
砂　　　防			
漁　　　港			
農業農村整備			
海　岸　保　全			
そ　の　他			
商　工　費			
国立公園等			
観　　　光			
そ　の　他			
土　木　費			
道　　　路			
橋　り　ょ　う			
河　　　川			
砂　　　防			
海　岸　保　全			
港　　　湾			
都　市　計　画			
街　　　路			
都市下水路			
区　画　整　理			
公　　　園			
そ　の　他			
住　　　宅			
空　　　港			
そ　の　他			
消　防　費			
庁　　　舎			
そ　の　他			
教　育　費			
小　学　校			
中　学　校			
高　等　学　校			
幼　稚　園			
特　殊　学　級			
大　　　学			
各　種　学　校			
社　会　教　育			
そ　の　他			
そ　の　他			
合　　　計			

資料2

○土地明細表

(単位:千円)

	取得価格
道路橋りょう	
街　　　路	
公 営 住 宅	
小　学　校	
中　学　校	
そ の 他	
合　　計	

○普通建設事業費に係る補助金・負担金等の状況

(単位:千円)

	昭和44年度以降累計額	直近5カ年の実績				
		平成○○年度	平成○○年度	平成○○年度	平成○○年度	平成○○年度
総　務　費						
民　生　費						
衛　生　費						
労　働　費						
農林水産業費						
商　工　費						
土　木　費						
消　防　費						
教　育　費						
そ の 他						
合　　計						

(注) 国直轄事業負担金、県営事業負担金、同級他団体等に対する普通建設事業費に係る補助金等をとりまとめたものである。

資料2

○主な施設の状況

(単位:千円)

名　称　等	取得年度	取得価額	減価償却累計額	残存価額
(例) 庁　　　舎				
保　育　所				
老人ホーム				
ごみ処理施設				
し尿処理施設				
総　合　公　園				
公　営　住　宅				
小　　学　　校				
中　　学　　校				
高　等　学　校				
図　　書　　館				
博　　物　　館				
体　　育　　館				
市　民　会　館				

資料2

●有形固定資産集計表（平成・昭和○○年度）

①．普通建設事業費〔補助事業・単独事業〕　（注）補助・単独毎に別様で作成すること。　（単位：千円）

		普通建設事業費　〔補助事業　21表　単独事業　22表　（昭和46年度以前　補助20表　単独21表）〕			
		決算額　A	Aのうち	Aの財源内訳	
			その団体で行うもの	国庫支出金	都道府県支出金
		補助・単独　1列	補助3列・単独2列	補助　5列	補助6列・単独4列
総務費	02行				
	庁舎等	03行			
	その他				
民生費	04行				
	保育所	05行			
	その他				
衛生費	清掃費	07行			
	ごみ処理	08行			
	し尿処理	09行			
	その他				
	環境衛生費	10行			
	その他	11行			
労働費	12行				
農林水産業費	造林	14行			
	林道	15行			
	治山	16行			
	砂防	17行			
	漁港	18行			
	農業農村整備	19行			
	海岸保全	20行			
	その他	21行			
商工費	22行				
	国立公園等	23行			
	観光	24行			
	その他				
土木費	道路	26行			
	橋りょう	27行			
	河川	28行			
	砂防	29行			
	海岸保全	30行			
	港湾	31行			
	都市計画	32行			
	街路	33行			
	都市下水路	34行			
	区画整理	35行			
	公園	36行			
	その他				
	住宅	37行			
	空港	38行			
	その他	39行			
消防費	40行				
	庁舎	41行			
	その他				
教育費	小学校	43行			
	中学校	44行			
	高等学校	45行			
	幼稚園	46行			
	特殊学校	47行			
	大学	48行			
	各種学校	49行			
	社会教育	50行			
	その他	51行			
その他	52行				
合計	01行				

資料2

●有形固定資産集計表（平成・昭和○○年度）

②．普通建設事業費〔合計〕（補助事業＋単独事業）　　　　　　　　　　　　　　　（単位：千円）

		普通建設事業費			
		決算額 A	A のうち その団体で行うもの a	A の財源内訳	
				国庫支出金 b	都道府県支出金 c
総務費					
	庁舎等				
	その他				
民生費					
	保育所				
	その他				
衛生費	清掃費				
	ごみ処理				
	し尿処理				
	その他				
	環境衛生費				
	その他				
労働費					
農林水産業費	造林				
	林道				
	治山				
	砂防				
	漁港				
	農業農村整備				
	海岸保全				
	その他				
商工費					
	国立公園等				
	観光				
	その他				
土木費	道路				
	橋りょう				
	河川				
	砂防				
	海岸保全				
	港湾				
	都市計画				
	街路				
	都市下水路				
	区画整理				
	公園				
	その他				
	住宅				
	空港				
	その他				
消防費					
	庁舎				
	その他				
教育費	小学校				
	中学校				
	高等学校				
	幼稚園				
	特殊学級				
	大学				
	各種学校				
	社会教育				
	その他				
その他					
合計					

資料2

●有形固定資産集計表（平成・昭和○○年度）

③．普通建設事業費中用地取得費〔合計〕（平成2年度以降）　　　　　（単位：千円）

		用地取得費 73表		
		決算額　B	Bの財源内訳	
			国庫支出金	都道府県支出金
		1列	2列	3列
総務関係	01行			
	庁　　舎	02行			
	その他				
民生関係	03行			
衛生	清掃施設	07行			
	その他	08行			
農林水産業関係	09行			
	漁　　港	12行			
	その他				
土木関係	道路橋りょう	14行			
	河　　川	15行			
	港　　湾	16行			
	都市計画	17行			
	街　　路	18行			
	都市下水路	19行			
	区画整理	20行			
	公　　園	21行			
	その他				
	公営住宅	22行			
	空　　港	23行			
	その他	24行			
教育関係	小　学　校	26行			
	中　学　校	27行			
	高等学校	28行			
	大　　学	29行			
	社会教育施設	30行			
	社会体育施設	31行			
	その他	32行			
その他	33行			
合　　計	34行			

191

資料2

●有形固定資産集計表（平成・昭和○○年度）

③．普通建設事業費中用地取得費〔合計〕（平成元年度～昭和58年度）　　　（単位：千円）

	用地取得費　24表		
	決算額　B	B の 財 源 内 訳	
	1列	国庫支出金　2列	都道府県支出金　3列
民生関係　　　　　01行			
保　育　所　　　02行			
そ　の　他			
清　掃　施　設　05行			
農林水産関係　　　06行			
漁　　　港　　　09行			
そ　の　他			
土木関係　道路橋りょう　11行			
港　　　湾　　　12行			
都　市　計　画　15行			
街　　　路　　　13行			
公　　　園　　　14行			
公　営　住　宅　16行			
そ　の　他　　　17行			
教育関係　小　学　校　19行			
中　学　校　　　20行			
高　等　学　校　21行			
幼　稚　園　　　22行			
社会教育施設　　23行			
社会体育施設　　24行			
そ　の　他　　　25行			
そ　の　他　　　　26行			
合　　　計　　　　27行			

●有形固定資産集計表（昭和○○年度）

③．普通建設事業費中用地取得費〔合計〕（昭和57年度～昭和49年度）　　　（単位：千円）

	用地取得費　24表		
	決算額　B	B の 財 源 内 訳	
	1列	国庫支出金　2列	都道府県支出金　3列
保　育　所　　　04行			
清　掃　施　設　09行			
道路橋りょう　　05行			
街　　　路　　　06行			
公　営　住　宅　07行			
小　学　校　　　01行			
中　学　校　　　02行			
幼　稚　園　　　03行			
社会教育施設　　10行			
そ　の　他			
合　　　計　　　12行			

●有形固定資産集計表（昭和○○年度）

③．普通建設事業費中用地取得費〔合計〕（昭和48年度～昭和44年度）　　　（単位：千円）

	用地取得費　24表（昭和46年度～昭和44年度　23表）		
	決算額　B	B の 財 源 内 訳	
	1列	国庫支出金　2列	都道府県支出金　3列
保　育　所　　　04行			
道路橋りょう　　05行			
街　　　路　　　06行			
公　営　住　宅　07行			
小　学　校　　　01行			
中　学　校　　　02行			
幼　稚　園　　　03行			
そ　の　他　　　08行			
合　　　計　　　09行			

資料2

●有形固定資産集計表（平成・昭和○○年度）

④. 普通建設事業費中用地取得費〔再計〕　　　　　　　　　　　　　　　　　（単位：千円）

		用地取得費		
		決算額　B	Bの財源内訳	
			国庫支出金	都道府県支出金
		d	e	f
総務費				
	庁舎等			
	その他			
民生費				
	保育所			
	その他			
衛生費	清掃費			
	ごみ処理			
	し尿処理			
	その他			
	環境衛生費			
	その他			
労働費				
農林水産業費	造林			
	林道			
	治山			
	砂防			
	漁港			
	農業農村整備			
	海岸保全			
	その他			
商工費				
	国立公園等			
	観光			
	その他			
土木費	道路			
	橋りょう			
	河川			
	砂防			
	海岸保全			
	港湾			
	都市計画			
	街路			
	都市下水路			
	区画整理			
	公園			
	その他			
	住宅			
	空港			
	その他			
消防費				
	庁舎			
	その他			
教育費	小学校			
	中学校			
	高等学校			
	幼稚園			
	特殊学級			
	大学			
	各種学校			
	社会教育			
	その他			
その他				
合計				

資料2

●有形固定資産集計表（平成・昭和○○年度）

⑤．用地取得費控除後の有形資産等　　　　　　　　　　　　　　　　（単位：千円）

	減価償却対称 有形固定資産 a−d	償　却　対　象 国　庫　支　出　金 b−e	償　却　対　象 都道府県支出金 c−f
総　務　費			
庁　舎　等			
そ　の　他			
民　生　費			
保　育　所			
そ　の　他			
衛生費　清　掃　費			
ご　み　処　理			
し　尿　処　理			
そ　の　他			
環　境　衛　生　費			
そ　の　他			
労　働　費			
農林水産業費　造　　林			
林　　道			
治　　山			
砂　　防			
漁　　港			
農業農村整備			
海　岸　保　全			
そ　の　他			
商　工　費			
国　立　公　園　等			
観　　光			
そ　の　他			
土木費　道　　路			
橋　り　ょ　う			
河　　川			
砂　　防			
海　岸　保　全			
港　　湾			
都　市　計　画			
街　　　路			
都　市　下　水　路			
区　画　整　理			
公　　　園			
そ　の　他			
住　　宅			
空　　港			
そ　の　他			
消　防　費			
庁　　舎			
そ　の　他			
教育費　小　学　校			
中　学　校			
高　等　学　校			
幼　稚　園			
特　殊　学　級			
大　　　学			
各　種　学　校			
社　会　教　育			
そ　の　他			
合　　　計			

資料2

● 減価償却計算表（例：平成10年度用）

(単位：千円)

	償却年数 A	総務費 庁舎等 耐用年数＝50			その他 耐用年数＝25		
		減価償却対象有形固定資産	一年当たり償却額 B	A×B	減価償却対象有形固定資産	一年当たり償却額 B	A×B
昭和44	30						
45	29						
46	28						
47	27						
48	26						
49	25						
50	24						
51	23						
52	22						
53	21						
54	20						
55	19						
56	18						
57	17						
58	16			～			
59	15						
60	14						
61	13						
62	12						
63	11						
平成元	10						
2	9						
3	8						
4	7						
5	6						
6	5						
7	4						
8	3						
9	2						
10	1						
累計額							

資料2

●国庫・都道府県支出金減価償却計算表（例：平成10年度用）

〔○○支出金〕　　　　　　　　　　　　　　　　　　　　　　　　　　　　（単位：千円）

	償却年数 A	総務費 庁舎等 耐用年数＝50			その他 耐用年数＝25		
		償却対象支出金	一年当たり償却額 B	A×B	償却対象支出金	一年当たり償却額 B	A×B
昭和44	30						
45	29						
46	28						
47	27						
48	26						
49	25						
50	24						
51	23						
52	22						
53	21						
54	20						
55	19						
56	18						
57	17						
58	16						
59	15						
60	14						
61	13						
62	12						
63	11						
平成元	10						
2	9						
3	8						
4	7						
5	6						
6	5						
7	4						
8	3						
9	2						
10	1						
累計額							

資料2

● 国庫・都道府県支出金算出表

(単位：千円)

		償却対象分（償却後）		償却対象外		合　　計	
		国庫支出金 A	都道府県支出金 B	国庫支出金 C	都道府県支出金 D	国庫支出金 A＋C	都道府県支出金 B＋D
総　務　費							
	庁　舎　等						
	そ　の　他						
民　生　費							
	保　育　所						
	そ　の　他						
衛　生　費							
	清　掃　費						
	ごみ処理						
	し尿処理						
	そ　の　他						
	環境衛生費						
	そ　の　他						
労　働　費							
農林水産業費							
	造　　　林						
	林　　　道						
	治　　　山						
	砂　　　防						
	漁　　　港						
	農業農村整備						
	海　岸　保　全						
	そ　の　他						
商　工　費							
	国立公園等						
	観　　　光						
	そ　の　他						
土　木　費							
	道　　　路						
	橋　りょう						
	河　　　川						
	砂　　　防						
	海　岸　保　全						
	港　　　湾						
	都　市　計　画						
	街　　　路						
	都市下水路						
	区　画　整　理						
	公　　　園						
	そ　の　他						
	住　　　宅						
	空　　　港						
	そ　の　他						
消　防　費							
	庁　　　舎						
	そ　の　他						
教　育　費							
	小　学　校						
	中　学　校						
	高　等　学　校						
	幼　稚　園						
	特　殊　学　級						
	大　　　学						
	各　種　学　校						
	社　会　教　育						
	そ　の　他						
そ　の　他							
合　　　計							

資料2

● 補助金・負担金等集計表（平成・昭和○○年度）

（単位：千円）

	補助事業 21表 （昭和46年度以前20表） （昭和46年度以前3列）(4列)	単独事業 22表 （昭和46年度以前21表） (3列)	県営事業 23表 （昭和46年度以前22表） (1列)	国直轄事業等 23表 （昭和46年度以前22表） (1列)	合　計
総　務　費	02行	02行	02行	25行	
民　生　費	04行	04行	03行	26行	
衛　生　費	06行	06行	04行	27行	
労　働　費	12行	12行	05行	28行	
農林水産業費	13行	13行	06行	29行	
商　工　費	22行	22行	08行	31行	
土　木　費	25行	25行	09行	32行	
消　防　費	40行	40行	20行	43行	
教　育　費	42行	42行	21行	44行	
そ　の　他	52行	52行	23行	46行	
合　　　計					

● 補助金・負担金等計算表

（単位：千円）

	昭和44年度以降累計額				
	補助事業	単独事業	県営事業	直轄事業等	合　計
総　務　費					
民　生　費					
衛　生　費					
労　働　費					
農林水産業費					
商　工　費					
土　木　費					
消　防　費					
教　育　費					
そ　の　他					
合　　　計					

地方公共団体に行政評価を円滑に導入するための進め方
―地方公共団体における行政評価についての研究会報告書―

平成 12 年 3 月
自治省行政局行政体制整備室

1 「行政評価」が注目される理由

　今までの行政は、往々にして、予算を獲得し、その予算を使い切ることに重点が置かれてきたと言われています。PLAN－DO－SEEというマネジメントサイクルに当てはめると、（PLAN＝予算獲得）と（DO＝予算執行）に重きが置かれ、（SEE＝評価）にはあまり目が向けられてきませんでした。右肩上がりの経済成長にも助けられ、このような予算を中心とした行政でもそれほどの支障は感じられませんでしたが、近年の社会経済情勢の急激な変化や地方財政の危機、さらには、地方分権などの大きな波が押し寄せ、行政に変化を求めてきました。特に、地方財政の危機は地方公共団体に直接的な打撃を加えるものでした。

　そこで、地方公共団体は、PLANに当たる予算獲得に関してはマイナスシーリングによる規模縮小、少額補助の整理合理化など、DOに当たる予算執行に関しては経費節減などに努めてきました。しかし、それでも景気の回復が遅々として進まず、減税の実施などの影響で地方税収は伸び悩んでいます。財政危機は深刻なものとなり、一部の地方公共団体では再建団体に転落するのではないかとの危機意識が出るまでになってきました。そのような状況の中、限られた財源を有効に活用する必要に迫られ、予算の重点配分、行政責任領域の見直しなどが行われるようになってきました。それまでもゼロシーリング、事務事業の見直しなど様々な取組が行われてきましたが、それのみでは事態を打開するまでには至りませんでした。他方、近年の行政の不祥事をめぐって生じた行政不信に対応する意味でも、行政の風土を変えていく必要に迫られたところは多かったのです。

　三重県の事務事業評価システム、静岡県の業務棚卸法などの先進的な取組が現れてきたのはこの頃です。導入経緯は異なっていますが、考え方としては、何を目的として、何をやろうとしているのか、という至極当然のことをトコトン突き詰めたところに共通点があり

ます。この当然のことがSEEに当たるものであり、行政の課題を発見し（SEE）、戦略を練り（PLAN）、実行する（DO）、そしてまた課題を発見し（SEE）、…というサイクルを持った行政システムを再認識させたという点でとても画期的な取組でした。なお、これらの取組の特徴としては、予算という範囲を超えて、行政システム全体を変えようとするところから生まれたものであるということがあげられます。

　これらの取組はマスコミで大きく取り上げられました。事業削減項目数や予算削減額などに集中した取り上げ方は残念ですが、結果的に、多くの地方公共団体さらには中央省庁の注目を浴びることとなりました。

> 長浜市の例「PDSとPDCA」
> 　経営サイクルは通常PDS（Plan－Do－See）ですが、QC活動ではPDCA（Plan－Do－Check－Action）と呼んでいます。長浜市では、PDSでなくPDCAを採用しています。
> 　通常Seeは、客観的な第3者評価を指すといわれます。監査がこれにあたります。しかし、QCでは実際に仕事をしている人たちの主体性が大切なのでSeeではなく自己評価という意味のCheckを使います。また、Seeの次がPlanだと、具体的には予算要求（予算をつけてもらう）ということになってしまいます。そこで、改善という自らの行動＝Actionという考え方を取り入れています。「改革改善なくして予算なし」という考え方です。つまり、改革改善は行革担当部門の仕事ではなく、自分たちの仕事であるという位置づけをしたいと考えているからです。

2 「行政評価」と用語の定義
（1）行政評価
　内外で行われている行政に関する評価には、多種多様なものがあり、これらを一義的に定義することは極めて困難な状態にあります。指標を設定して達成度を評価するもの、経済波及効果や税収効果と投入コストを測定して有効性を評価するもの、規制等を設けた際のインパクトを評価するもの、開発行為による環境への影響を評価す

るもの、長期間停滞している事業を一定期間経過後に必要性を再評価するものなど、それぞれの目的に応じて様々な評価が広く行われています。これらの評価は、何れも行政を改善していこうというものであり、今後とも発展していくものと思われます。

しかし、これらすべてについて研究することは時間的制約等もあり不可能と言わざるを得ません。そこで、当研究会としては、政策、施策及び事務事業について、成果指標等を用いて有効性又は効率性を評価する手法について研究を進めることとしました。したがって、この報告書の「Ⅱ行政評価の進め方」における「行政評価」とは、「政策、施策及び事務事業について、成果指標等を用いて有効性又は効率性を評価すること」を念頭においています。

この場合の有効性とは目標に対する達成度合いを示すものであり、効率性とは活動に要たコストの投入度合いを示すものです。

さて、「行政評価」は、PLAN（計画）−DO（実践）−SEE（評価）−PLAN（計画）−DO（実践）−SEE（評価）・・・と循環する行政サイクルの中に位置づけられるものでなければならないと考えます。そこで、便宜上この報告書においては、「行政評価」を『行政の現状を認識し、行政課題を発見するためのツール』と定義します。

なお、「行政評価」を考える上で、当研究会では、評価対象における目的と手段の関係を大変重視しており、目的のない手段はあり得ない、あるいは無駄であると考えます。したがって、「行政評価」に分類されるものであっても、目的と手段の関係に着目しないものは「行政評価」に値しないと考えます。

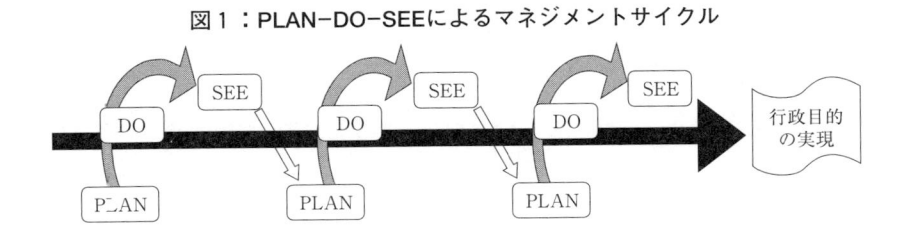

図1：PLAN−DO−SEEによるマネジメントサイクル

(2) 用語

　行政に関する評価手法には多種多様なものがあり、その用語についても区々としていることから、「行政評価」を考えていく中で混乱が生じています。そこで、この報告書で用いている「政策」、「施策」、「事務事業」について、以下、説明します。

・「政策」とは、大局的な見地から地方公共団体が目指すべき方向や目的を示すものであり、市町村で言えば概ね基本構想の大きな柱に相当するものです。

・「施策」とは、「政策」という上位目的を達成するための個々の方策です。ある政策は複数の施策によって構成・組織され、その各施策目的が達成されることにより政策が達成されるという必然的な関係が認められるものです。

・「事務事業」とは、施策目的を達成するため具体的な手段です。事務事業は、いわゆる予算事業に止まらず、行政が関与しているもの（カネ、人などの行政コストを投入しているもの）です。これには仕事のための仕事（内部管理的な庶務等）も含まれます。したがって、「事務事業」は何かしらの作業を要するものと考えてください。ある施策は複数の事務事業によって構成・組織され、その各事務事業目的が達成されることにより施策が達成されるという必然的な関係が認められます。

　例えば、廃棄物に関する政策体系を考えた場合、ある都市の政策目標を「市内から出る廃棄物による環境負荷の軽減」とします。その「環境負荷」の大きさを表す尺度としては、最終処分量や最終処分物の安全基準などが考えられますが、最終処分量に着目すると、この政策を達成するための施策目的の一つは「市内で排出される廃棄物を削減」することになります。さらにこの施策目的を達成するための下位手段としては「家庭・事業所での生ゴミ堆肥化促進」、「包装削減促進」、「不要品再利用促進」などの事務事業が考えられます。

　このように政策、施策、事務事業は目的と目的達成のための手段の関係で連鎖構造をなし、それぞれの関係が有効に機能してはじめて所期の政策目標が達成されます。

(3) 評価手法の分類・整理

評価手法の分類・整理については、さまざまな議論が専門家によりなされています。その専門分野により、分類の仕方も違うのですが、最近通商産業省大臣官房政策評価広報課でとりまとめたものが包括的と思われますので、紹介しておきます。ただし、これは同省の問題意識により整理されたものですから、地方公共団体の仕事にはなじみのうすいものもありうることにご注意下さい。
(次ページ図を参照)

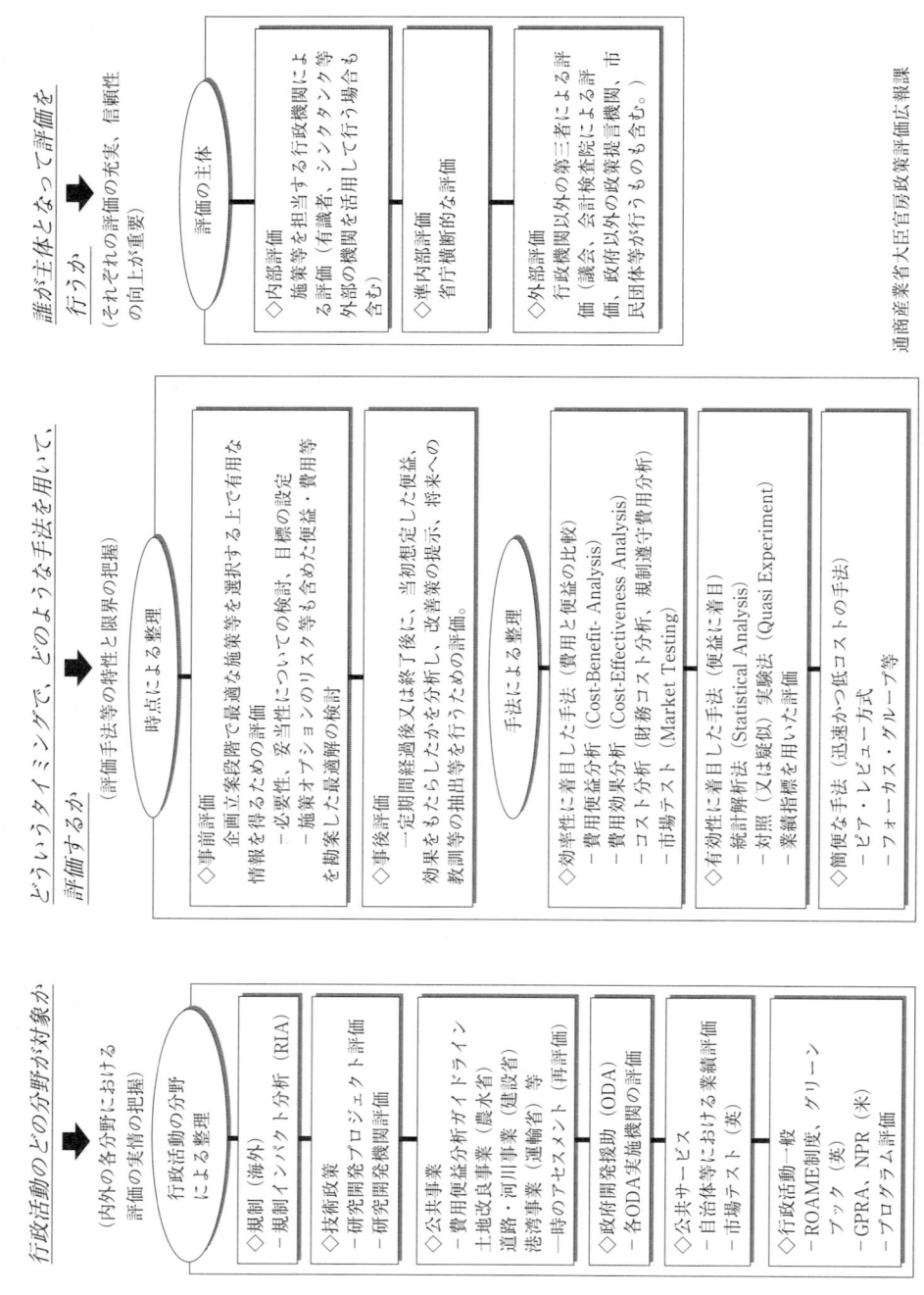

資料3

行政活動のどの分野が対象か
(内外の各分野における評価の実情の把握)

行政活動の分野による整理

◇規制(海外)
　－規制インパクト分析(RIA)

◇技術政策
　－研究開発プロジェクト評価
　－研究開発機関評価

◇公共事業
　－費用便益分析ガイドライン
　　土地改良事業(農水省)
　　道路・河川事業(建設省)
　　港湾事業(運輸省)　等
　－時のアセスメント(再評価)

◇政府開発援助(ODA)
　－各ODA実施機関の評価

◇公共サービス
　－自治体等における業績評価
　－市場テスト(英)

◇行政活動一般
　－ROAME制度、グリーンブック(英)
　－GPRA、NPR(米)
　－プログラム評価

どういうタイミングで、どのような手法を用いて、評価するか
(評価手法の特性と限界の把握)

時点による整理

◇事前評価
　企画立案段階で最適な施策等を選択する上で有用な情報を得るための評価
　－必要性、妥当性についての検討、目標の設定
　－施策オプションのリスク等も含めた便益・費用等を勘案した最適解の検討

◇事後評価
　一定期間経過後又は終了後に、当初想定した便益、効果をもたらしたかを分析し、改善策の提示、将来への教訓等の抽出等を行うための評価。

手法による整理

◇効率性に着目した手法(費用と便益の比較)
　－費用便益分析(Cost-Benefit- Analysis)
　－費用対効果分析(Cost-Effectiveness Analysis)
　－コスト分析(財務コスト分析、規制遵守費用分析)
　－市場テスト(Market Testing)

◇有効性に着目した手法(便益に着目)
　－統計的解析法(Statistical Analysis)
　－対照(又は疑似)実験法(Quasi Experiment)
　－業績指標を用いた評価

◇簡便な手法(迅速かつ低コストの手法)
　－ピア・レビュー方式
　－フォーカス・グループ等

誰が主体となって評価を行うか
(それぞれの評価の充実、信頼性の向上が重要)

評価の主体

◇内部評価
　施策等を担当する行政機関による評価(有識者、シンクタンク等外部の機関を活用して行う場合も含む)

◇準内部評価
　省庁横断的な評価

◇外部評価
　行政機関以外の第三者による評価(議会、会計検査院による評価、政府以外の政策提言機関、市民団体が行うものも含む。)

通商産業省大臣官房政策評価広報課

3 「行政評価」の必要性

　地方公共団体は、住民の福祉の増進を図ることを基本として、地域における行政を自主的かつ総合的に実施する役割を広く担うものとされています（平成11年7月法律第87号による改正後の地方自治法第1条の2第1項）。つまり、地方公共団体には、住民のために行政を行うことが要請されています。

　ところで、予算を中心とした行財政運営の中では、どれだけのコスト（予算や職員など）を投入したのか（インプット）、どれだけのことを行ったのか（アウトプット）が重視されてきました。従来の事務事業の見直しも予算を中心とした考え方からのものが多かったと思います。しかし、住民の視点からみれば、どれだけの効果をもたらしたのか（アウトカム）が重要なのではないでしょうか。地方公共団体には、目指すべきアウトカムを達成するためにインプットとアウトプットを駆使することが要求されているということができると思います。そのアウトカムを達成するためにインプットとアウトプットが適切に使われているのかチェックするために、「行政評価」が有効な手段となるのです。

　航海に例えるならば、お客（住民）を、船（インプット）に乗せて、スクリューを回して（アウトプット）、予定どおりある港へ送り届ける（目指すべきアウトカム）ために、船員（地方公共団体の職員）をうまく使いこなすことが船長（地方公共団体の首長）の使命ということができます。そこで、乗客を安全に、船を座礁させないように、今、船がどの地点にいるのか、航路から外れていないのか、外れているのなら何故外れたのか、今後天候はどうなるのかということを確認すること（SEE）が「行政評価」なのです。現状確認と問題把握ができたら、次にどのような針路をとるのかを決めます（PLAN）。船長は、航路から外れていたら軌道修正、天候が悪くなりそうだったら近くの港への避難、氷山が航路を塞いだら迂回の指示を船員に出します。そして、その指示どおりに船員は舵をとり、スクリューを回します（DO）。この「行政評価」が的確に行われなければ、住民を他の港へ運んでしまったり、遠回りして時間と労力を無駄に費やしたりすることにもなってしまいます。

　他方、最近、住民に対する説明責任（アカウンタビリティー）が求められてきています。住民の信頼を得るためには、行政が何を目

指して何をしようとしているのか理解してもらうことが必要です。そのために説明責任が求められているのです。しかし、行政が何を目指して、何をしようとしているのか、現状はどのようになっているのか、行政ができる範囲はどこまでなのかということを行政側が自ら理解しなければ説明することはできません。この説明責任を果たすためにも「行政評価」が非常に有効なのです。

> **長浜市の例「インプット、プロセス、アウトプット、アウトカム」**
>
> 欧米で実践され研究され発展してきた行政評価だけあって、評価のことを考えるときにはやたらとカタカナや英語が登場します。その中でも頻繁に出てくるのがこのインプット、プロセス、アウトプット、アウトカムという言葉です。長浜市でも最初この言葉を使ってもなかなか理解してもらえませんでした。それはカタカナはそれ自体では意味をもたないので、出てくるたびに言葉の定義が必要になってくるからです。そこで、長浜市では、インプットを「投入」、プロセスを「活動」、アウトプットを「結果」、アウトカムを「成果」と訳しました。仕事というのは、簡単にいえば、「ところてん」のようなものです。まず、ところてんをつくる「仕事」という箱の中に、ところてんの材料（予算と人）を入れる。そして、この材料を押し出す（活動）と箱の外にところてんが出てくる（結果）。そして、お客さんがそれを食べる（成果）。こう考えるとわかりやすいと思います。今まで行政はところてんの材料の確保に熱心でしたが、どんなところてんが出てきて、誰が食べて、おいしいかどうかについては関心が薄かった。だからこれからはところてんをおいしく食べてもらうことに関心を持とうというのが成果重視ということです。

4 「行政評価」についての誤解

以上、述べてきた「行政評価」について、しばしば誤解されていることがあります。

第一に、先進県で取り組まれた評価システムに関して、結果として見直しされた事務事業の数や削減額に特に注目が集まりましたが、これは結果として出てきたものであり、これが評価システム導入の

本来の目的ではなかったことに注意してください。
　第二に、「行政評価」を行うことで、機械的に事務事業の優劣がつき、合理的な事務事業の選択ができると思われている方は、とりあえずその考えを改める必要があります。つまり、ただちに優先順位がつけられるものではないということです。
　定義のところで述べましたが、「行政評価」は『行政の現状を認識し、行政課題を発見するためのツール』であり、これ自体で完結するものではありません。この評価結果を基に次の作戦、計画、企画を練るのであって、評価結果の善し悪しだけで事務事業の存廃が決められるものではないのです。評価結果が悪かったのは手段自体に問題があるのかもしれませんし、評価結果が良くても目的を達成したものは見直さなければならないのかも知れません。また、ある観点からの評価が低いものを直ちに縮減・廃止するということになりますと、縮減・廃止を避けるために適正な評価が行われないことにもなってしまいます。
　確かに「行政評価」は大変重要なものであり、導入による効果は大きいと思われますが、「行政評価」をしたからといってすべてうまくいくものではないということをご理解ください。

5　都道府県と市町村における「行政評価」の違い

　都道府県と市町村とでは、行っている事務事業は質、量ともに違っています。都道府県は市町村を介してあるいは市町村に働きかけて住民へサービスを提供してもらうことが多く、一方、市町村は直接に住民サービスを提供することが多いという立場、視点の違いもありますので、「行政評価」の手法にも違いが出てくることが当然に考えられます。
　都道府県で導入実施されている評価手法を手本として検討しようとしている市町村にあっては、都道府県の手法をそのまま利用するのではなく、このような事情を十分踏まえた上でどのような手法が良いのか検討してください。
　このことは、中央省庁で行おうとしている評価の手法が必ずしもそのまま地方公共団体にあてはまらないことも意味します。

資料3

Ⅱ 行政評価の進め方

　現在、行政における評価に関する文献が、数多く見受けられるようになってきています。評価のあり方、先進県の取組事例や諸外国の評価制度など様々なものがあり、行政評価について研究するためには有用です。しかし、実務的な文献が乏しいため、実際に行政評価を導入しようと取り組んでいる実務者にあっては、どのような手順で進めればよいのか悩んでいるのではないかと思います。

　そこで、当研究会は、評価手法が多数存在する現段階においては、「このような評価手法がいい。」というように特定の手法を推奨することを避け、それよりも、行政評価をどのような手順で進めていけば円滑に導入できるのかという実務的な観点で研究を重ねてきました。

　以下、行政評価の進め方のモデルをお示しします。ただし、この進め方は一つの手順を示したものであり、このとおり行わなければ行政評価が導入できないというものではありませんし、このとおり行ったから必ず円滑に導入できるというものでもありません。さらに、この進め方は当研究会で考えた行政評価（次のⅢで紹介する市町村に試行していただいた行政評価）を基に考えたものですので、これと異なる評価手法を導入しようとする地方公共団体においては進め方が異なることと思われます。

　ここで取り上げる行政評価は、政策、施策、事務事業すべてについて、目的と手段との関係に着目して体系を構築し、行政の現状を認識し、行政課題を発見するためのツールとして考えたものです。したがって、公共事業再評価とは異なり、行政全般について評価することにより、総合的あるいは横断的な行政運営を進めようとする際には有効である反面、これに係る労力、手間は相応のものになります。また、政策、施策、事務事業各レベルにおいては同じ評価表を用いることとしているため、見やすくなっていますが、個別分野独特の専門的な評価には向きません。なお、住民のために評価表を簡略化して公表することも考えられますが、この場合には、専門家の接近を妨げるという問題があります。

　いずれにせよ、各地方公共団体においては、ここでお示しする行政評価の進め方のモデルを参考にしながら、地域の実情に応じた進

め方を考えることが重要です。

また、当研究会では、行政評価は行政システムを大きく変えるツールとして認識していますので、早急な導入を避け、十分な検討を踏まえた上で導入していただきたいと思います。

なお、この進め方においては、企画段階、試行段階、実施段階、発展段階の4つの段階に分けてその手順等を紹介しています。

また、各 STEPの☆は、重要度の度合いを示しており、多いほど重要であるということです。

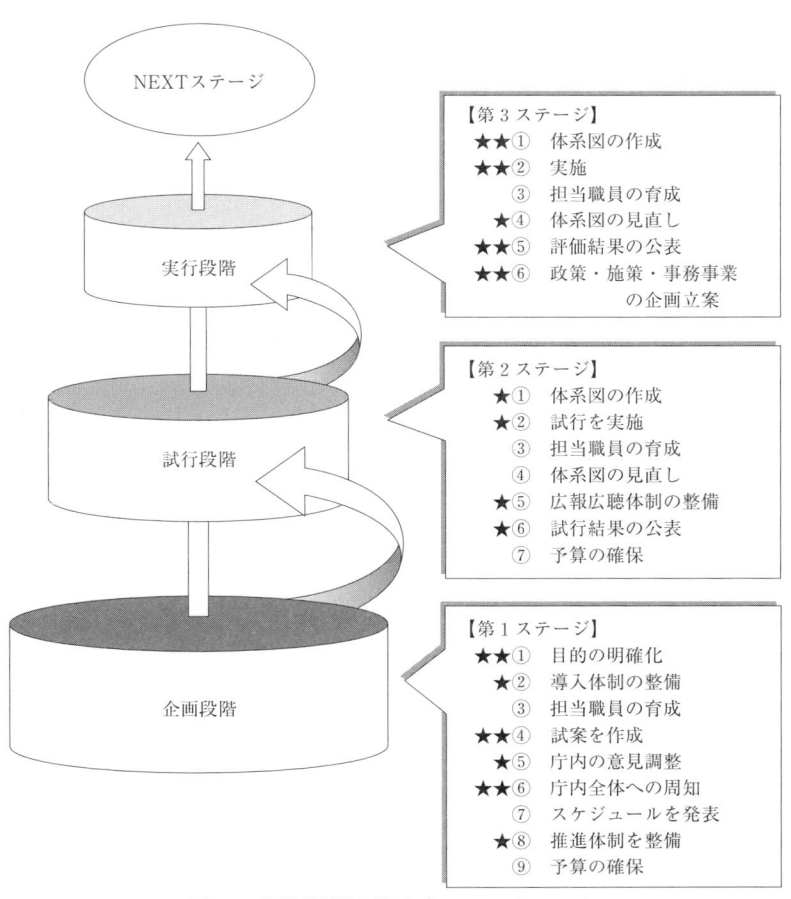

【第3ステージ】
- ★★① 体系図の作成
- ★★② 実施
-   ③ 担当職員の育成
- ★④ 体系図の見直し
- ★★⑤ 評価結果の公表
- ★★⑥ 政策・施策・事務事業の企画立案

【第2ステージ】
- ★① 体系図の作成
- ★② 試行を実施
-   ③ 担当職員の育成
-   ④ 体系図の見直し
- ★⑤ 広報広聴体制の整備
- ★⑥ 試行結果の公表
-   ⑦ 予算の確保

【第1ステージ】
- ★★① 目的の明確化
- ★② 導入体制の整備
-   ③ 担当職員の育成
- ★★④ 試案を作成
- ★⑤ 庁内の意見調整
- ★★⑥ 庁内全体への周知
-   ⑦ スケジュールを発表
- ★⑧ 推進体制を整備
-   ⑨ 予算の確保

図2：行政評価の進め方フローチャート
（★は重要度を示し、多いほど重要）

資料3

第1ステージ（企画段階）
第2ステージ（試行段階）
第3ステージ（実施段階）
NEXTステージ（行政評価定着後）

第1ステージ（企画段階）

　行政評価を導入するには、まず、行政評価導入の目的を明確にしなければなりません。目的によって行政評価の手法も異なってきますので、ここでしっかりと目的を確認することが必要です。

　次に、どのような行政評価を導入したいのか、その設計図を描かなければなりません。この場合、試行段階又は実施段階での実務的、技術的な手直しを考えれば、この企画段階で精緻な設計図を描く必要はないと考えます。しかし、基礎的な骨格だけはしっかりとしたものを描いておかなければ、企画段階に逆戻りすることにもなりかねません。

　したがって、このステージは行政評価の成否を決める重要なものですので、十分な検討が必要です。

☆☆STEP1　行政評価導入の目的を明確にする
　☆STEP2　行政評価の導入検討体制を整備する
　　STEP3　検討担当職員の育成を図る
☆☆STEP4　行政評価試案を作成する
　☆STEP5　試案を基に庁内の意見調整を行う
☆☆STEP6　庁内全体へ行政評価を導入する旨の周知を行う
　　STEP7　行政評価実施に向けたスケジュールを明らかにする
　☆STEP8　行政評価の推進体制を整備する
　　STEP9　行政評価試行に係る予算を確保する

※　各STEPの☆は、重要度を示し、多いほど重要。

STEP1　行政評価導入の目的を明確にする……………………☆☆
【ポイント】
・行政評価を導入することで何をしたいのか決めます。
・行政評価を行政システムの中にどのように組み込むのか決めます。
【効果】

・行政評価導入自体が目的となるようなケースを防止します。

【説明】
　行政評価を何のために導入するのか？　これが決まらなければ何も進みません。目的が異なれば手段も異なってきます。目的をはっきりさせることで次のステップに移ることができます。
　また、ここでは行政評価わどのように活かすのか考えることが必要です。評価結果が活かされないのであれば、評価する必要はありませんし、評価をするだけ無駄になります。行政システムの中で行政評価をどのように位置づけるのかをここで十分検討してください。
　なお、評価結果を活用して予算査定あるいは基本構想を策定することが考えられますが、これに固執してしまうと行政評価が予算査定や基本構想策定のツールに埋没してしまうおそれがありますので、この段階では、将来の評価結果の利用法を踏まえながらも、予算や基本構想と切り離して考えてみてください。当研究会としては、予算や基本構想の重要性及びこれらと行政評価との整合の必要性について十分認識しておりますが、行政評価を予算査定や基本構想策定のツールとするだけではあまりにも勿体ないと考えます。
　ここでしていけないのは、行政評価導入自体を目的とすることです。導入しようと急ぐあまり、また、検討することを嫌うがあまり、地方公共団体で既に実施されている行政評価をそのまま導入しようとするケースがこれに当たります。ハコ物をつくっておいて後で使い道を考えるようなもので、これでは意味がありません。実際、使おうと思ったら使いものにならないことにもなりかねません。

STEP 2　行政評価の導入検討体制を整備する……………………☆
【ポイント】
・行政評価導入の旗振り役を決めます。
・部局の協力が得られ、実効性の伴う体制を整えます。
【効果】
・円滑な庁内導入ができます。
【説明】
　導入しようとする行政評価の設計図を描くための体制を整備します。課又は室を設けることでも、プロジェクトチームをつくること

でも結構ですが、十分な検討ができる時間を確保してください。片手間にできるようなものではありません。

また、多角的な検討をするため、職員は、職種、職階にこだわらず、幅広く参加してもらうようにしてください。必要に応じて、その都度意見を聞くということも考えられます。

トップは3役の中から選ぶことが必要です。首長等のリーダーが行政評価を導入するんだという強い意思表示をすることが、職員のやる気を促すことになります。部長クラスですと、部間の調整が生じたときに調整がはかどらないケースも出てきます。

なお、この体制を整備した上で、行政評価の目的を検討する（STEP1）ことも考えられます。

長浜市の例「プロジェクトチームの編成」

長浜市では、プロジェクトチームを編成するときに、通常は事務局となる推進部局の職員もチームメンバーとしました。通常は、推進部局が事務局として一歩ひいた形で、メンバーに考えていただくという形式をとることが多いのですが、それだと事務局対メンバーという図式が出来てしまうからです。また、チームを編成するときは、チームの使命と成果を具体的かつ明確にしておくことが必要です。長浜市では、行政評価を中心とした新しい都市経営システムの導入をテーマとし、「先進事例研究」「独自技術開発」「導入計画立案」という3つを使命とし、成果として中間報告書および最終報告書を市長へ提出することとしました。また、この研究成果を市職員と共有するために、職員対象のセミナーを3回開催しました。

新しいことをはじめようとするときに、旧態依然とした手法を使ってはメンバーの士気は高まりません。チームを作るが、実質的に事務局が切り盛りする。抽象的な目的でメンバーを集めるたものの、使命や成果が具体的でない。市長とメンバーとのやりとりだけで市職員への広報はやらないという図式を改めないと、新しいことには取り組めなかったと思います。

STEP 3　検討担当職員の育成を図る

【ポイント】
・文献や先進事例などで行政評価を調査研究し、理解を深めます。
【効果】
・導入する行政評価についての問題意識を認識することができます。
【説明】
　検討する職員には、行政評価に関する幅広い見識が求められます。そこで、まず、行政評価に関する文献等を通じて、どのような目的で導入されているか、
どのような手法で行われているかなどを研究する必要があります。様々な評価手法が存在していますので、できるだけ多くの評価手法について調査し、選択の幅を広げることが望まれます。

　次に、導入しようとするものにイメージ的に近い行政評価を行っている地方公共団体から説明を受けることが必要です。この場合、ただ漠然と概要を聞くのではなく、具体的な質問項目を事前に余裕をもって渡すなどして、何を聞きたいのかをはっきりさせておくことが必要です。相手方は通常業務の時間を割いて説明してくれるのですから、聞き手側も効率的なやりとりができるように準備をしておきましょう。

　これらの調査研究を通じて、導入しようとする行政評価のイメージをより具体的なものへ発展させていきます。

長浜市の例「調査研究～先進事例の研究～」

　調査研究で最初に思いつくのが先進事例の研究です。ただ、気をつけないといけないのは、いきなり行っても何もわからないということです。だから予習が必要ですが、資料を送ってもらって読んでいるだけではよくわかりません。長浜市の場合、新都市経営研究会というプロジェクトチームを発足して最初にしたのが、三重県の資料を入手して、メンバーが自分の仕事について評価表にいきなり記入することでした。うまく書けないときだけマニュアルを見る。でもマニュアルを見ても書けないときがある。なぜ書けないのか。どこが書きにくいのかは記入した評価表を見れば一目瞭然です。そしてメンバーがどこが書きやすいのか、どこは書きにくいのか、マニュアルを読んでも何が分からなかったかを

> どんどんメモしていきます。このメモが貴重な情報です。このメモを皆が持ちより、どうして書けないのか、どこが書きにくいのかを議論しました。このことで問題点が具体的に共有できますし、メンバーの参加意識も高まりました。その後、ひとつの事業を決めて皆が記入してまたメモを持ちより、何回か繰り返すことで、疑問、問題点がだんだん集約されてきます。ある程度集約できた段階で、三重県の担当者をお招きし、概要説明のあとで集約した疑問をぶつけることで非常に実りのある研究になりました。
> 　先進事例を研究するときは、具体的な問題点をあげることです。「職員の意識が低いから改革が必要だ」といった抽象的な問題では、何にもなりません。そこで話しが終わってしまうからです。

STEP 4　行政評価試案を作成する ☆☆

【ポイント】
・行政評価の前提として政策、施策、事務事業の体系化を図ります。
・評価の対象範囲を決めます。
・評価表様式を作成します。
・数値目標の設定を必須とします。
・職員がコスト意識を持てるようなものにします。

【効果】
・現行の行財政運営が、いかに目的を不明確にしたままで前例に基づいて行われていたか、認識することができます。
・目的に対して手段が有効か否かという問題意識及びコスト意識を持ちながら行政執行するようになります。
・数値目標の設定により何を目指しているのか、職員が理解するとともに、住民等へわかりやすく伝えることができます。

【説明】
　実際に行われている事務事業について、何のために行っているのか説明するためにはその目的を明確にする必要があります。また、この事務事業は施策の手段として行われていますので施策の目的は何かということとなり、さらに、施策は政策の実現を目指して構成されていますので政策の目的は何かということになります。このように考えると、政策、施策、事務事業は体系的に配置されます。当

研究会では、目的と手段との関係を評価することが行政評価として重要であると考えていますので、まず、この体系図の作成を行政評価の前提とします。

　次に、評価の対象を決めます。事務事業にするのか、公共事業のみにするのか、いろいろな選択があり得ます。当研究会では、行政評価をするからには行政全体を見直すべきであるとの考えにより、政策、施策、事務事業すべてを行政評価の対象としています。

　そして、評価主体を決めます。ここでは、政策、施策、事務事業を対象としていますので、これらを一番よく知っている職員が評価することとしていますが、第3者に評価してもらう場合には、評価対象を施策に絞る、評価項目を効果のみにするなど対象のしぼりこみが求められます。

　さらに、いつ評価するのかを決めます。予算要求時に評価するということも考えられますが、これは真剣に行政評価を行おうとするインセンティブになる反面、行政評価を形骸化するおそれが出てくること、予算議論の進行に応じて評価表を書き直す必要が出てくることなどの問題点があります。当研究会では、導入の当初においては、行政評価を予算ある程度切り離された独立のものとした方がいいと考えます。したがって、事務事業終了後に評価をすることが望ましいと考えます。

　最後にこれらの決定事項を踏まえて評価表の様式を作成します。この評価表様式は先進事例を参考にしながらそれぞれの団体の工夫を凝らして作成してください。少なくとも、目的、上位目的における位置づけ、指標と目指すべき水準、インプット・アウトプット・アウトカムの時系列比較、問題点については盛り込むようにしてください。この場合、指標は必ず数値化してください。数値目標を設定することで、問題の所在がわかり、その達成状況から新たな問題を発見することが可能になります。また、インプットとして人件費を記載させることでコスト意識を職員に持たせることが可能になります。問題を共通に認めていくには、漠然とした感じではなく、数字が有効なのです。

　なお、住民へのアカウンタビリティーの観点から分かりやすい評価表を作成しようとする地方公共団体にあっては、できるだけ項目を減らして簡素にする必要がありますが、他方、これでは行政内部

で『行政の現状を認識し、行政課題を発見する』には不向きです。この点については、導入目的に照らして考えることが必要です。

ところで、評価手法を開発するに当たってシンクタンクに委託する地方公共団体もあるかもしれません。シンクタンクの強みは、行政にはない発想や他の地域の情報を持っていることですから、それを活用することは構いません。しかし、すべてシンクタンクに検討、作成してもらうと、職員が自ら考え、将来とも運用していくノウハウが組織に蓄積されません。地域の実情を一番よく理解している地方公共団体の主導により進めることが必要です。

STEP 5　試案を基に庁内の意見調整を行う················☆
【ポイント】
・評価を実際に行う職員に対して意見を求め、必要に応じて評価試案の手直しを行います。
【効果】
・行政評価に対する問題認識を評価を行う職員全員に認識させることができます。
【説明】
　評価を行う職員に試案を示し、意見を求め、その意見を踏まえ見直すことが必要です。広く意見を求めることで、漏れていた視点が発見されることもあり得ます。寄せられた意見については、意見を容れるのか、容れないのか、容れない場合にはその理由を付して回答することとし、これらをすべてオープンにすることをお奨めします。

　なお、この場合、「できません。」というようなネガティブな意見を１つでも認めますと次から次と増えてきてしまいますので、例外を極力つくらないようにすることが必要です。

　例えば、「そもそも行政を数字で表現することはできない」、「大事な必要とされる仕事を評価の対象とすべきではない」といった固定観念は強いと思われます。このような考えが支配的にならないよう注意しなければなりません。

　　長浜市の例「指標化できない？」
　　成果指標の設定を行うときにかならず出てくるのが「指標化で

きない」「測れない」といった反論です。たとえば、自然公園の成果指標を利用者数としたとします。しかし、公園の利用者数を測ることはむずかしく、正確に測ろうとすると手間（コスト）がかかります。だから実質的に測れないといった類です。

長浜市では、あるチームがこの問題に知恵を絞ってすばらしいアイデアを思い付きました。自然公園内にあるトイレに着目するというものです。自然公園内のトイレは汲み取り式で、業者に汲み取りを委託しています。もし利用者が増えれば、トイレ利用者も多くなり、汲み取り量が増え、年間の汲み取り回数が増え、汲み取りから汲み取りまでの期間も短くなるはずです。しかも委託業者からデータは自動的に担当者に請求書という形で提供されます。確かに何人という人数はわからないけれど、利用者が増えつつあるのか減りつつあるのかはわかります。この指標は自然公園を管理している職員でなければ思い付かないものです。

指標化に対する反論の根底にあるのは、それだけで自分の業績を判断されたらたまらない、もし下がったら批判される、これをもとに人員や予算が削減されるといった恐れです。しかし、現状の問題を直視し、何とかしようとした瞬間に、トイレで利用者数を測るというアイデアが生まれてきます。指標化できないのではなく、指標化しようとしないだけなのです。

―― 長浜市の例「時間外が増えるという反対について」――

体系図を作成し評価表を作成するには時間がかかることも事実です。したがって多くの職員から「事務量が増える」「時間外が増える」「これをしたから今の仕事の問題が解決できわけではない」「それより増員が先だ」といった反対の声が出てくることは避けられません。ただ、行政評価システムを導入しなかったらといって、時間外や事務量が減るのでしょうか、問題が解決できるのでしょうか、人が増えるのでしょうか。また、時間外が増えるといっても行政評価にかかわる時間はチームリーダーでも年50時間ぐらいです（長浜市）。年間総労働時間の一体何パーセントにあたるでしょうか。むしろ時間外が増えている原因はほかにあるし、その原因は現状を正しく評価しなければわからないのです。でなければ永遠に時間外とつきあうことになります。

> 仕事を改革するには膨大なエネルギーが必要です。でも、気付いていないだけで、現状を維持するのもまた膨大なエネルギーが必要なのです。要するにエネルギーを現状の維持から変化の方に使うだけのことなのです。

STRP 6　庁内全体へ行政評価を導入する旨の周知を行う……☆☆

【ポイント】
・首長の強いリーダーシップにより行政評価を導入します。
・職員及び関係者の理解と協力を得ます。

【効果】
・首長の強いリーダーシップにより、職員のやる気を引き出すことができます。

【説明】
　行政評価の導入を宣言します。行政評価を円滑に導入するためには、首長の強いリーダーシップが何よりも不可欠です。また、同時に管理職の積極的な姿勢も極めて重要です。首長がいくらやる気になっても、首長をサポートする管理職の意識が変わらなければ、職員の意欲もなくなってしまいます。職員のやる気を引き出すためにも管理職の積極的な姿勢を職員に示してください。

　行政評価は今までの行政システムを大きく変えるものですので、議会へも周知する必要があります。

　ここでは、行政評価を導入するんだという強い意思表示をすることが必要なのです。ただし、目的、ねらいをもあわせて明らかにしなければ、単なるかけ声に終わってしまうおそれがあるので注意しましょう。

長浜市の例「ボトムアップかトップダウンか」

　行政評価の導入には、トップダウン（首長のリーダーシップ）が必要か、ボトムアップ（職員合意の積み上げ）が必要かという議論がよくあります。確かにトップダウンでやればすぐできるかもしれませんが、職員の反発によって本来の目的が達成できない、形だけにおわる、継続性がないといったことがおこりやすくなります。ボトムアップでやれば、スムーズに導入できるかもしれま

せんが、現状肯定的なので、実行に時間がかかる、改革について合意がなかなか得られず途中でうやむやになる、結局何も変わらないといったことがおこりやすくなります。結論としては、両方必要だと思います。つまり、ボトムアップのないトップダウンは無意味だし、トップダウンのないボトムアップは実現しないということです。

　長浜市では、まずボトムアップ（担当部局）からはじまりました。ボトムアップを強化する（プロジェクトを組む、ニューズレターを発行する、セミナーを開く）一方、トップとの連携を密にする（プロジェクトの成果報告は最初にトップにメンバーが行う、セミナーやニュースレターで市長の思い、意気込みを述べる場を作る、市長訓示で話題にしてもらう）ことも行いました。

　こうしたボトムアップとトップダウンを両方行う上で重要なのが、評価システム導入を支援する擁護組織があるかないかです。長浜市の場合、市民10名からなる行政改革推進委員会でその役割を果たしていただきました。委員会では職員に対してはヒアリングや意見交換を通じて情報を収集する一方、トップについては、提言書を通じて、評価システムの必要性について認識を深め、決断を促すきっかけになりました。ボトムとトップと支援擁護組織。この3つが連携しはじめると、実現はかなり高くなります。

長浜市の例「導入研修は最大の広報」

　長浜市では、システム導入研修を約750名の参加者全員に対して行いました。14日間のべ36時間の研修です。研修の狙いは、知識と技術の修得ではありません。初めてのことをやるわけですから、研修で何もかもがわかるわけがありません。また、知識と技術は実際にやりながら学んでいく方が身につくものです。実は最大の狙いは広報、つまり内外に対する評価システム導入の宣言であったのです。

　研修の最初には必ずトップ3役が導入の意思を表明し職員に伝えます。もちろん大規模な研修ですから、事前に記者発表を行い、取材も自由としました。また、職員自体も大勢の職員が参加する研修ははじめてですから、行政評価システムが何かはわからなくても今までと違う、何かが変わろうとしているメッセージは感じ

てくれます。マスコミも入った研修ということもあり、緊張の中で研修を行うことができました。

　おかげでほとんどの新聞各社がとりあげてくれました。また、研修の写真が掲載されることで市民に対しても具体的な行動をアピールすることができました。この効果は絶大で、職員にとっては内外から注目されていること、トップについてはもう後戻りができないことを感じるきっかけになりました。

　庁内に周知を行うには、一通の文書や市長の訓示より、外部に対し宣言することの方が効果があるようです。

STEP 7　行政評価実施に向けたスケジュールを明らかにする

【ポイント】
・いつまでに何をどうするのか明確にします。
・随時、フォローアップを行います。

【効果】
・計画的な推進を図ることができます。

【説明】
　行政評価を実施するのに何をいつまでに行うのか、今後の具体的なスケジュールを、年度、月（おおまかな時期）について明らかにします。そして、計画的に進めるため、必要に応じてフォローアップを行います。

　当研究会では行政評価の試行を経て実施しようと考えていますが、直ちに実施することも考えられます。しかし、職員にはある程度の修練、ノウハウの蓄積が必要と思われますので、早急な実施はなるべく避けることをお奨めします。

　このSTEPは、行政評価の導入宣言（STEP 6）と同時に行うことも考えられます。

STEP 8　行政評価の推進体制を整備する………………………☆

【ポイント】
・行政評価を実施するための支援の組織づくりをします。
・行政評価に係る意思決定機関を創設します。
・組織に応じた人員を確保します。

【効果】
・責任の所在を明確にすることができます。
【説明】
　行政評価の導入宣言をした上は、行政評価を責任を持って執行管理し、支援する体制を整備しなければなりません。この組織は、ライン的な要素に加えてスタッフ的な要素を組み合わせていくことが必要です。ライン組織となってしまうと、行政評価は当該組織だけが行うものという意識を職員に与えるおそれがあるからです。

　当研究会では、行政評価は組織全体で行うことを予定しています。どこでどのように影響が出てくるのかわかりませんので、すべての部局が参加した上で評価（評価表を作成することではありません。以下、この　STEPにおいて同じです。）していただきたいと思っております。開発部局と環境保全部局とがバラバラに評価をしていては、異なった方向に向かっているのかどうかもわからなくなってしまいます。したがって、行政評価に係る調整機関あるいは意思決定機関をつくる必要があります。

　ただし、事務事業レベルでの評価を組織全体で行いますと膨大な時間と労力を要しますので、組織全体で行うのは政策及び施策レベルでの評価とすることをお奨めします。

　このSTEPは、行政評価の導入宣言（STEP6）と同時に行うことも考えられます。

長浜市の例「ヘルプパーソン」

　行政評価システムを導入しようと決めても、実際には何をどうしていいのか皆目わからないのが現実ではないでしょうか。長浜市の場合もそうでした。行政評価システムといっても、先進事例としては近くに三重県があるくらいで、ただ漠然とPDCAサイクルの要になるものぐらいの情報しかありませんでした。

　そこで、調査研究が必要になるわけですが、いきなり関係の本を入手したり、先進地の資料をもらったり、訪問したりセミナーに参加しても、膨大な資料収集と整理に時間をとられ、横文字や聴いたこともない用語に振り回されて、先進自治体の担当者に質問しても、どうも当を得た質問も答えも出てこない。結局、目の

> 前にうずたかく積まれた資料を前に、早くしなければと気ばかり焦って何もできないという状態になってしまいます。考えてみれば、これはまるで、大人になってから学ぶ英会話のようなものです。いきなりネイティブスピーカーと話しても結局うまく話せない。話そうとしても何も言葉が思いつかないのですから、話せないのはあたりまえです。でも、そんなとき、すぐそばに、バイリンガルの友達がいれば、いろいろと相談できるでしょう。
> 彼は何ていっているの？これって何ていえばいいの？というふうに。
>
> そこで必要なのが、ヘルプパーソン（相談役）です。長浜市の場合、ひょんなことから大学教授のＩ氏、監査法人Ｔと知り合いになりました。ヘルプパーソンは、簡単に言えば、通訳のような存在です。行政評価という国の情報を担当者の言語に直してくれるわけです。担当者の言葉になれば、次々疑問が湧いてきて、さらにそれをヘルプパーソンにぶつけていく。そのキャッチボール（具体的には、Ｅメールの交換）によって自分なりに整理ができ、基礎ができあがります。基礎さえできれば、あとは何を研究すればいいか、何を調査すればいいか、どのようにすればいいかがわかります。

STEP 9　行政評価試行に係る予算を確保する

【ポイント】
・事務費、ＯＡ機器、研修経費等について予算措置をします。

【説明】
　行政評価の試行に係る予算を確保します。既に行政評価が導入されている地方公共団体の中には一般管理経費の中から措置している団体もありますので、予算がなければ行政評価はできないということにはなりません。しかし、直接予算にはあらわれない人件費コストなどを考えると、初期の費用はある程度かかるものとみなければなりません。場合によっては研修のための経費も措置する必要があるでしょう。

　なお、これまでのSTEP 8までの中で予算が必要となる局面も想定されますが、当研究会は、予算がついてから行政評価の検討をスタ

ートするという考え方を一般化したくないとの思いから、敢えて省略しています。

第2ステージ（試行段階）

　行政評価の設計図ができましたので、これを基に行政評価の試行を行います。職員に評価の考え方、評価表の書き方を理解してもらうとともに、実務的な問題点を洗い出して見直すべきものは見直します。行政評価の実施前の点検、テスト走行と位置づけられます。

　いきおい評価対象すべてを試行するということも考えられますが、職員全員が試行できる程度、事務事業レベルで言えば係で1つ、2つぐらいから始めることをお奨めします。

> **長浜市の例「モデル事業の実施」**
>
> 　長浜市では、モデル事業を導入実施3ヶ月前に行いました。新都市経営研究会（プロジェクトチーム）のメンバーに所属する部ごとに係単位の括りで1チームづつ選んでもらい（部課長了解のうえで）合計7チームで実施しました。
>
> 　モデル事業の目的は、事務事業評価システムを導入するための基礎的なデータ（時間・手間・場所など）を得ること、事務事業評価システムを導入した場合の問題点、課題を具体的に調査すること、以上の調査を踏まえて詳細な事務事業評価システムの導入計画を作成することです。
>
> 　大切なことは、モデル事業とはいえ、本番さながらの段取りでやること。途中を省略したりすると肝心な欲しい情報が集まりません。次に、あくまで、モデル事業だから、結果にこだわらないこと。ついついよい結果を出そうと力んでしまうと、実施チームに過重な負担がかかり、かえってよくない印象を与えてしまいます。最後に、モデル事業は結果より結果の分析が大切です。うまくいかなかったときはもちろん、うまくいっても必ず原因を具体的に分析しないと、本番で思わぬ失敗をしてしまいますし、システムの強みも特長もわかりません。
>
> 　長浜市の場合、体系図の作成に時間をとられ、評価表記入までいきませんでした。その結果評価表の分析が十分できず、本番では「書きにくい」「わからない」という声につながってしまいま

> した。今から思うと全部のチームは無理でもせめて一つくらい評価表を記入してもらったらよかったと反省しています。
> 　また、今回のモデルを通じて、体系図のもつ意味が再確認できました。特に全員参加で体系図をつくると、法律や要綱ではなく自分たちの現場ならではの言葉で表現されるようになる、普段あまり人の仕事に興味がなかったが体系図の作成の過程を通じて人の仕事までわかる、体系図がチームの仕事のアウトラインとして利用でき、事務引継ぎがスムーズに行えるといったことがわかりました。最大の成果は、チーム運営がうまくいっているいっていないで体系図の質と時間が大きく違うことがわかったことです。（最短で４時間。最長は22時間）つまり、体系図の作成過程を観察すると誰の発言力が強いか、コミュニケーションがどれくらい行われているか、本当のリーダーは誰かといったチーム運営の具体的な姿が浮き彫りになってくるのです。
> 　この結果を踏まえ、当初係単位のチーム編成を考えていましたが、それにこだわらないチーム編成を行うこととしたのです。

- ☆　STEP1　試行に係る政策・施策・事務事業の体系図を作成する
- ☆　STEP2　行政評価の試行を行う
- 　　STEP3　試行担当職員の育成を図る
- 　　STEP4　試行結果を踏まえた体系の見直しを行う
- ☆　STEP5　広報広聴体制を整備する
- ☆　STEP6　試行結果の公表を行う
- 　　STEP7　行政評価の本格実施に係る予算を確保する

※各STEPの☆は、重要度を示し、多いほど重要。

資料3

STEP 1　試行に係る政策・施策・事務事業の体系図を作成する…☆

【ポイント】
・行政を再定義します。
・目的と手段の関係を意識します。
・目的のない事務事業は改廃の対象として考えます。

【効果】
・現行の行財政運営が、いかに目的を不明確にしたままで前例に基づいて行われていたか、認識することができます。

【説明】
　行政は何かしらの目的をもって行われています。しかし、年を経るごとにその目的意識は薄れ、今まで行ってきたからということで漠然と行われているものもあるのではないでしょうか。目的を意識するのは予算要求する時だけで、予算を獲得すれば消化することに気をとられ、前例をなぞって事務事業を実施していたのではないでしょうか。

　そこで、当研究会としては、何のために何をしているのかを明らかにするために、体系図をつくることを提案します。政策、施策、事務事業を目的と手段の関係において体系化する。どのような目的のためにどのような手段が準備されているかを確認する。これは、行政を再定義することに他なりません。社会情勢が大きく変化している中で、今の行政はどのような役割を果たしているのか、何をしようとしているのか、ここでもう一度見つめ直してみようということです。時代の変化もあり、目的を失ったものがあるかもしれません。目的のないものは、今の行政に必要なものなのかどうなのか、是非、問いかけをしてみてください。

　ここでは全庁的に体系図を作成しますが、ここで注意すべきことは、総合的な体系図です。つまり、各部局が作成した体系図の切り貼りではなく、同様なものはグルーピングする、重複するものは整理する、異なった方向のものを調整するなど、1つの地方公共団体としての体系を整理することが必要です。同じ地方公共団体の中で、重複したあるいは異なった行政を行うことは、住民にとっては理解しづらいものです。このような観点で行政全般を見つめ直すことは、これ自体だけでも十分意義のあることです。

資料3

長浜市の例「体系図について」

　体系図とはなんでしょうか。通常は、試合のトーナメント表のように頂点から扇形に広がるツリーを思い浮かべる方が多いようです。しかし、これは体系図の形を指したもので、本質ではありません。体系図のポイントは2つあります。ひとつは「目的と手段の関係が連なったもの」であるということです。簡単にいえば、上に位置するものは下に位置するものの目的で、下に位置するものは上に位置するもののための手段でなくてはなりません。もうひとつは「横のラインのレベルが同じもの」であるということです。たとえば、トーナメント表は1回戦は2回戦に進むための手段、2回戦は3回戦に進むための手段、と繰り返して、準々決勝、準決勝、決勝と続いて優勝ということになります。そして、1回戦のラインには1回戦しかありませんし、2回戦のラインには2回戦しかありません。だから1回戦不戦勝なら、たとえ初めてのゲームでも、かならず2回戦になっているはずです。

　さて、トーナメント表の例でいえば、1回戦を事務事業、2回戦をプロジェクト（基本事務事業）、準決勝を施策、決勝を政策とし、優勝を基本理念とすると、これが政策体系図（総合計画）ということになります。

STEP 2　行政評価の試行を行う　☆

【ポイント】
・試行を通じて問題点を洗い出します。
・指標、数値目標の設定等について幅広く議論します。

【効果】
・目的を達成するための手段（代替手段を含みます。）を多く見つけ出すことができます。

【説明】
　実際に評価表を作成します。具体的には上位目的との関係に意識しながら、事務事業目的の設定、指標の設定、数値目標の設定等を行います。

　指標の設定では、指標はできる限り成果（アウトカム）を端的に明示するもので、かつ、数値化できるものを設定してください。成

果指標は、目的を明確にする上でとても重要ですが、成果が現れてくるまでに時間がかかったり、他の要因により実績値が変動することもあり得ますので留意してください。

また、成果を直接測定することに代えて、地方公共団体の顧客である住民に評価してもらう間接的な測定も考えられます。

その他、設定の際に注意していただきたい点としては、
① 誰が測定しても同じような値になる客観的なものであること
② 誰にでも理解できる指標であること
③ 目標達成のために業務がゆがめられないこと
④ 測定に多大なコストがかからないこと
⑤ 地方公共団体の努力が反映され得るものであること
などがあります。

数値目標の設定では、達成不可能な高い水準や努力せずに得られるような低い水準にならないようにしてください。

次に、作成された評価表を基にして、事務事業目的の設定、指標の設定、数値目標の設定等や事業内容の妥当性について、目的と手段の関係を意識しながら、議論します。この過程で、ある目的を達成するのにいくつかの方法があるこ、とが浮き彫りになってくるでしょう。

以上のように、評価表を作成していくと同時に、評価表様式に問題があるかどうかをチェックすることもこの試行の重要な点です。

―― 長浜市の例「保健婦さんの仕事は何か？」 ――

「私たちの仕事は何か？」こんなあたりまえのことに答えることはなかなか難しいことです。長浜市では、評価のモデル事業を行ったとき、母子保健という仕事が問題になりました。母子保健とは何でしょうか。また何を成果指標とすべきでしょうか。最初の答えは「母子の疾病の早期発見、早期治療」でした。しかし、ある保健婦の「それはお医者さんの仕事ではないか」という発言で議論になりました。確かに発見するのも治療するのもお医者さんであって保健婦さんの仕事ではありません。活発な議論の結果出した答えは「アドバイスを通じて必要な保育・医療が受けられるようにすること」だということになりました。幼児は大人と違って自分で必要な保育医療の要求をすることはできません。それ

> は保護者が決定するのです。だから、保健婦さんは保護者にアドバイスすることで幼児に必要な保育医療を確保しようとしているのです。たったこれだけの結論を出すのに要した時間は約6時間。でも大切なのは、こうした仕事の目的を、議論してみんなで結論を得たということです。このプロセスがないとみんなで仕事の目的を共有することはできません。これが組織的な仕事の第一歩です。

STEP 3　試行担当職員の育成を図る
【ポイント】
・目的達成度に基づいた新たな行財政運営の手法について学びます。
・先進団体における指標、数値目標を分析します。
【効果】
・行政評価の質の向上を図ることができます。
【説明】
　職員が試行を行うことによって、具体的、技術的な問題点が出てきます。この問題点についてディスカッションすることは意義のあることです。
　また、研修などを通じて、この行政評価を実施することで行政システムをどのように変えていくのかを理解してもらうことも必要です。
　さらに、先進団体の指標、数値目標等を調べることで、自団体の指標、数値目標等が妥当であるか検討する一つの判断材料を得ることができます。
　なお、体系図の作成（STEP1）、試行（STEP2）よりも前に職員の育成を図ることも考えられます。

STEP 4　試行結果を踏まえた体系の見直しを行う
【ポイント】
・評価試行結果により体系の目的と手段の関係を見直します。
【効果】
・体系の精度を高めることができます。
【説明】

評価試行結果を踏まえ、目的と手段の関係を再検討し、体系図（STEP1）の見直しを行います。ある行政目的を達成するために準備されている手段が妥当か、効果的か点検し、手段の問題点を発見するとともに、目的自体に問題がないのかどうか議論してください。議論の結果、必要とあれば体系を見直します。

　なお、試行（STEP2）と同時に進めることも考えられます。

STEP5　広報広聴体制を整備する ☆
【ポイント】
・評価結果を住民に周知することができるよう、また、それに対する住民の声が反映できるような体制を整備します。
・広報広聴を効果的に行えるような手段を準備します。
【効果】
・住民とのコミュニケーション・ツールを整備することができます。
【説明】
　行政評価を行政内部だけに止めていては、行政の自己満足になりかねません。説明責任を果たすためにも評価結果を積極的に住民へ開示し、住民の意見を幅広く行財政運営に反映することで、分権型社会が構築されていくのではないかと考えています。そのためのツールとして、行政評価を活用することが望まれます。

　そこで、行政評価に係る広報広聴体制を整備することが必要です。この場合、既存の広報広聴機能を充実することも考えられますが、住民にとって行政評価情報が簡単に入手でき、意見を述べやすくすることが求められます。現下の情報化の進展を踏まえればインターネットを利用することも1つでしょう。何れにせよ住民に対して積極的に情報を提供する、意見を聴く姿勢が求められます。また、このような姿勢は、住民との「意識的な情報回路の設定」につながるものです。

　なお、この体制を第1ステージ（企画段階）で整備することも考えられます。

STEP6　試行結果の公表を行う ☆
【ポイント】
・体系図及び評価試行表を公表するとともに、わかりやすいように

ダイジェスト版を作成します。
【効果】
・公表することにより、職員のやる気を引き出すことができるようになります。
【説明】
　試行といえども結果を住民や議会等に公表することが必要です。行政が行政評価によって何をしようとしているのか、あるいは個々の事務事業はどのような目的で何をしようとしているのか、その一端を具体的な評価表でもって示すこととなります。なお、評価表には多くの情報が記載されていることと思われますが、これをそのまま公表しても受け手の住民等には理解しづらいものとなるおそれがあります。その場合には、住民等に認知してほしい必要最小限の項目を抜き出したダイジェスト版を作成してみることも一つの方法です。

　また、ホームページに掲載することにより、住民はもちろん職員にも、気軽にアクセスできるようにすることも必要です。

　行政評価はこれから試行錯誤を繰り返しながら、定着させていこうというものでありますから、始めから完全なものができるわけではありません。ですから、この評価試行結果の公表は、行政評価の実施に伴う中間報告という位置づけで行ってみてください。

　この公表の過程で、広報広聴体制（STEP５）を見直す必要が出てくるかも知れません。

STEP７　行政評価の本格実施に係る予算を確保する
【ポイント】
・事務費、OA機器、研修経費等について予算措置をします。
【説明】
　評価試行の実績等を踏まえて、行政評価の実施に係る予算を確保します。ハード的なものも必要かもしれませんが、実際に評価を行う職員の育成経費については十分な配慮が必要です。

――　長浜市の例「案外盲点となる単純作業の予算１　――
　評価システムを導入し、作業が進んでくると、やがて体系図や評価表が提出されます。しかし、全員参加でやるとなると情報量

> は膨大（体系図だけでもＡ３版160枚以上）になります。これを一枚一枚見ていたのでは総合的な分析に時間がかかってしまいます。そこでパソコンで情報のデータベース化を図ることとしました。ところが、案外予算として確保していないのが、データベースの入力作業です。長浜市でも体系図だけで3000項目以上の入力が必要になりました。これを担当職員がやっていては、単純作業に膨大な時間をとられてしまいます。また担当職員が入力すると入力している最中にあれこれ考えてしまうので余計に時間がかかります。予算確保というとコンサルタント料の積算と考えてしまうので案外この手の予算は見落としがちです。しかし、データ入力のような単純で膨大な量の作業がある場合は、ちゃんと予算を確保しておかないと、導入途中で重大な問題になってしまいます。

第３ステージ（実施段階）

　企画、試行を通じてつくりあげてきた行政評価をいよいよ実践します。試行ではわからなかった問題を踏まえ、見直しをするという柔軟な対応も必要ですが、行政評価を実施するんだという強い意志を持ち続けることが必要です。いかに職員の意識改革を図っていくのかが行政評価の成否を決める鍵となります。

☆☆　　STEP 1　　庁内全体の政策・施策・事務事業の体系図を作成する
☆☆　　STBP 2　　行政評価を実施する
　　　　STEP 3　　評価担当者の育成を図る
　☆　　STEP 4　　評価結果を踏まえた体系の見直しを行う
☆☆　　STEP 5　　評価結果の公表を行う
☆☆　　STEP 6　　政策・施策・事務事業の企画立案を行う

各STEPの☆は、重要度を示し、多いほど重要。

STEP 1　　庁内全体の政策・施策・事務事業の体系図を作成する　…☆☆
【ポイント】
・行政を再定義します。
・目的と手段の関係を意識させます。
・部局の守備範囲にとらわれずに目的に即した体系図を作成します。

・目的のない事務事業は改廃の対象として考えます。
【効果】
・現行の行財政運営が、いかに目的を不明確にしたままで前例に基づいて行われていたか、認識することができます。
・結果として、目的を失った事務事業を改廃することができます。
・試行段階では予想していなかった体系図ができることがあります。
【説明】
　基本的には、第2ステージのSTEP1で述べているとおりです。

　政策・施策・事務事業のすべてについて、全庁的な体系図を作成しますが、試行段階で作成した体系図と異なる体系図ができることがあり得ます。　また、この体系図をつくるに当たっては、試行の段階では出てこなかった問題が出てくることが予想されます。

　ここでは試行段階での体系図の不備を更に修正するようなイメージでお考えください。

　この場合でも、目的と手段の関係に重点を置きながら体系図を作成することが重要です。

長浜市の例「議論は視覚的に」

　体系図は参加者全員でつくりあげることが必要です。しかし、言葉だけで議論すると、堂々巡りになったり、行き違いから感情的な議論になったり、発言しない人が出てきたりします。また、目的と手段の関係は理論的なことなのでどうしても言葉だけだと頭の中に整理されません。

　そこで、長浜市では、方眼入模造紙と縦7.5cm、横21cmのポストイットカード（3色）とラッションペン（赤・黒を人数分）を用意し、自分の意見や発言は必ずカードに書き出し、模造紙にカードを貼り付けてみんなにわかるようにし、カードの位置関係（上下左右）を動かしながら議論することとしました。その結果、目的と手段の関係がつかみやすく、カードの書き直しを通じて修正が目に見え、カード整理による論点整理も容易で、話すことが苦手でも書くことで参加できるというメリットがあります。また、毎回の議論が模造紙の上に残るので議事録をとる必要がなく、また途中から参加した人も視覚的にとらえることができるのですぐ仲間に入れるという特色があります。

デメリットは、ポストイットカード（1枚5円）および方眼入模造紙（1枚10円）が割高である、模造紙が何枚にもなる（平均4〜5枚）ので、模造紙が貼れる広い場所が必要になる、持ち運びに不便、提出する際には、ワープロ等に落とし込む作業が必要になるといった問題が発生することです。

STEP 2　行政評価を実施する……………………………………☆☆
【ポイント】
・指標、数値目標の設定等について幅広く議論します。
【効果】
・目的を達成するための手段（代替手段を含みます。）を多く見つけ出すことができます。
【説明】
　実際に評価表を職員が作成します。基本的には第2ステージのSTEP2で述べているとおりです。
　評価の過程で指標の設定、数値目標の設定等を行うこととなりますが、これが次の行政の展開する上ではとても重要なものになります。この指標の設定等により、次の企画立案が決まってくるといっても過言ではありません。つまり、ある目的を達成するための手段、代替案がいくつか考えられるようになり、そのうち最も適当なものを選ぶということにもつながっていきます。したがって、この作業に当たっては、十分な検討をお願いします。
　また、評価表の作成は、職員個々となるでしょうが、その評価が適正かどうか等を可能な限り多くの職員が参加してチェックしてください。これが縦割り行政の是正にもつながっていきます。

　　　長浜市の例「ヘルプデスク」
　導入の最初のうちは、参加した職員からどんどん質問・照会が相次ぎます。研修でいくら説明しても、やはり実際に取り組むまでは問題が具体化しないからです。しかし、たいてい推進部局の人員は2〜3人程度。次々とかかってくる電話と来訪者の対応だけでてんてこまいになってしまいます。その結果、次の手を考える時間がなくなり、だんだん後手後手にまわることになってしま

> います。
> 　長浜市では、これに対応するためヘルプデスクを設置しました。まず、ヘルプのルールを第1段階の自助（マニュアル等で自分でやってみる）、第2段階の互助（仲の良いチーム、隣のチームと情報交換しあったり助け合ったりする）、第3段階扶助（推進部局が直接支援する）の3段階を踏むこととし、いきなり扶助にならないようにします。次に、相談窓口として、1週間に1回午後にヘルプデスクを設け、予約制で30分の時間制限で相談を受けました。これで緊急かつ臨時のヘルプは仕方がないとしてもいつくるかわからない相談に振り回されることは少なくなりました。
> 　ただ、本当に問題のあるチームは、ヘルプデスクを利用しない、電話もかけてこないチームなのです。したがって、相談があったチーム以外のチームについては、こちらから出向いてそれとなく話をする時間をとっておく必要があります。

STEP 3　評価担当者の育成を図る
【ポイント】
・目的達成度に基づいた新たな行財政運営の手法について学びます。
・先進団体における指標、数値目標を分析します。
【効果】
・行政評価の質の向上を図ることができます。
【説明】
　基本的には第2ステージのSTEP 3で述べているとおりです。
　まず、行政評価を実際に行う職員の協力がなければ、円滑な導入は望めません。行政評価は、職員に相応の負担を求めることになりますので、導入の過程においては職員の不平不満が出てくることが考えられます。
　しかし、行政評価はこれからの行政システムには極めて有効なものです。そのことを職員に理解してもらう、あるいは職員の意識を変えていく努力が行政評価を導入するには必要です。どのようにすれば職員の理解を得ることができるのか、その方法は様々あると思いますが、1つの方法としては首長を含めた幹部、管理職の意識改革が考えられます。これら幹部等がそのリーダーシップにより行政

評価を全庁的に取り入れることが可能となってくるのではないでしょうか。

なお、体系図の作成（STEP1）、実施（STEP2）よりも前に職員の研修をすることも考えられます。

―― 長浜市の例「職員参加の手法」――

職員参加手法としてチーム制を導入することはめずらしくありません。しかし、なかなかチーム制を導入しても効果があがらないという場合が少なくありません。そこで長浜市ではチーム制を導入する際に、次の点に注意しました。

(1) チーム制導入の目的をはっきりさせる。
　　チーム制は、既存の組織が上下関係があり、硬直的で、能力ではなく職制により運営が行われてきたことの反省に立つものです。したがって、チーム制は、フラットで、流動的で、一人一人にあわせた組織運営を行うために導入するものです。

(2) チーム編成および運営は原理原則だけ統一し、参加する職員がみずから行う。組織編成および運営についての原理原則は次のとおりです。
　① 人数1チーム4人以上10人以下とすること。それ以下だと議論にならないし、それ以上だと議論に参加できない職員が発生するからです。
　② メンバーは、仕事に関わるものであれば、部署、職制、身分（正規、臨時、市職員でない）を問わないこと。チームは、仕事を中心に編成されるもので、所属、身分、信条は関係ないからです。
　③ メンバーの編成は人数原則内であれば、いつでも自由に行ってもよい。また、リーダーはメンバーの互選によって選ぶこと。チーム内の人事についてはメンバーの合意により行うことがフラット組織の第一歩だからです。
　④ リーダーは、体系図および評価表をメンバーの議論によって期限までに作成することが使命であること。チームリーダーの役割は、メンバーの能力を引き出して期限までに使命を達成することであり、単なるまとめ役ではないから

です。
　なお、原理原則を示すときは、数をなるべく少なくすること、その意味を明確にすることが大切です。原理原則が多すぎると、結局手取り足取りのマニュアルになってしまうし、その意味が伝わらないと意図がわからず、押し付けになったり、原理原則を守ることが第一なってしまいます。どちらにしてもチーム内の自治、つまり参加性が高まりません。

STEP 4　評価結果を踏まえた体系の見直しを行う……………………☆
【ポイント】
・評価結果により体系の目的と手段の関係を見直します。
【効果】
・体系の精度を高めることができます。
【説明】
　基本的には第2ステージのSTEP 4で述べているとおりです。
　ここでは評価結果を踏まえ、目的と手段の関係を再検討し、体系図（STEP 1）の見直しを行いますが、ここでの見直しは、試行段階とは異なって全体的な調整が必要となる可能性がありますので、他部局と十分な検討を行ってください。
　なお、評価実施（STEP 2）と同時に進めることも考えられます。
　この体系図は、実際に事務事業を実施していく中で、または時代の変化に伴って修正され得るものですので、柔軟な対応が望まれます。

STEP 5　評価結果の公表を行う ……………………………………☆☆
【ポイント】
・体系図及び評価表を公表するとともに、わかりやすいようにダイジェスト版を作成します。
【効果】
・公表することにより、職員のやる気を引き出すことができるようになります。
【説明】
　行政がどのような目的で何をしようとしているのかを具体的な評

価表でもって示すこととなります。なお、評価表には多くの情報が記載されていることと思われますが、これをそのまま・公表しても受け手の住民等には理解しづらいものとなるおそれがあります。その場合には、住民等に認知してほしい必要最小限の項目を抜き出したダイジェスト版を作成してみることも一つの方法です。

また、いつでも誰でも評価結果に触れることができるように、ホームページに評価結果を掲載することも効果的です。

この行政評価の公表が住民等への問いかけとなり、住民等との対話がスタートします。これにより説明責任が果たされるものではなく、これから始まっていくものです。この行政評価が住民等との対話のツールとして活用されることが望まれます。

STEP 6　政策・施策・事務事業の企画立案を行う……………☆☆

【ポイント】
・行政評価の結果を踏まえ、翌年以降の企画立案を行います。
・目的に対する手段の有効性、事務事業の効率性について議論します。

【効果】
・効果のある総合的、効率的な行財政運営が可能となります。

【説明】
　行政評価は、PLAN（計画）－DO（実践）－SEE（評価）－PLAN（計画）－DO（実践）－SEE（評価）…と循環する行政サイクルの中に位置づけられるものであり、これで完結するものではありません。行政評価は、『行政の現状を認識し、行政課題を発見』するものであって、次のPLANにつなげるものです。この行政評価の結果を踏まえて何をするのかが行政評価の存在意義となるのです。

　現在の財政危機の中で事務事業を取捨選択するための手法として行政評価を考えられている方がいるのではないかと思います。しかし、当研究会では、このような考え方は採りません。行政評価を行うことによって、事務事業の改廃が行われたとしても、これは行政評価の効果の一面でしかありません。行政評価の結果、目的を持たないあるいは失った事務事業を改廃することは当然ですが、このような取捨選択だけを望むのであれば予算査定の方法を工夫すればよいからです。

地方公共団体によって行政評価の導入目的は異なると思いますが、当研究会としては、評価結果とこれに関する住民等の意見を踏まえて新たな企画立案を行うことが、行政評価の最も大きな意義であると考えます。

NEXTステージ（行政評価定着後）

行政評価は、その利用によっては様々なものへ展開が可能となります。例えば、次のようなものが考えられます。
- 行政評価の結果を予算査定に活用する
- 行政評価の結果を組織管理に活用する
- 行政評価の結果を人事管理に活用する
- 行政評価の結果を踏まえ基本構想を策定する
- 職員から政策・施策・事務事業の提案を募集する
- 行政評価を利用して事務引継を行う
- 行政評価を媒介として住民・議会と対話する

しかし、注意していただきたいのは、行政評価を定着させることが必要であるということです。定着しないままに行政評価を新たな展開に活用しようとすれば、職員、住民、議会等に混乱が生じますし、場合によっては行政評価そのもののあり方をも変えてしまうことになりかねません。

定着する前の行政評価は、山から切り出された原石のようなものです。これから磨きをかけて新世紀にふさわしい地方行政システムに組み入れていかなければなりません。しかし、その前にじっくりと手間暇をかけて磨き上げることが必要なのです。

Ⅲ 行政評価の試行について

1 試行行政評価の目的と内容

　今回の「試行行政評価」は自治省から市町村の皆様方に対して、行政評価とはどのようなものか体験していただくとともに、評価表等の作成を通じて行政評価の一端に触れていただくことを目的として行いました。

　具体的には、住民生活に密接な「廃棄物の処理」をテーマとして体系図を作成していただき、自治省が作成した評価表様式により「可燃ゴミの収集」についての評価をしていただきました。また、評価表を記載する過程での問題点、疑問点、評価表の改善案などを併せてお聞きしました。
　（評価表は「政策－施策評価表」、「施策―事務事業評価表」及び「事務事業評価表」の３種類ありますが、時間的な制約から、原則として「事務事業評価表」のみの提出をお願いいたしました。）

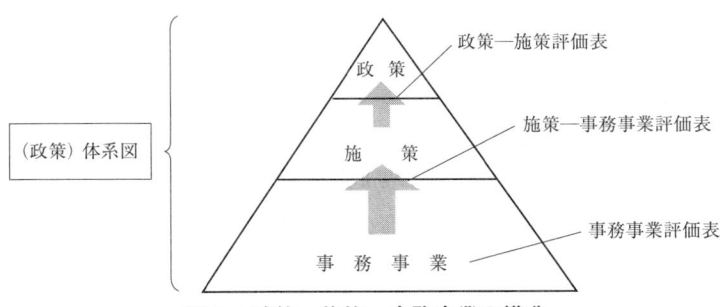

図３：政策・施策・事務事業の構造

　今回の試行では政策体系を政策・施策・事務事業の3層構造とし、各階層間の目的と手段の関係が適切かどうか３種類の評価表により評価していきます。
　試行に当たり、政策、施策、事務事業を次のように定義しました。

《政策・施策・事務事業の定義》
「政策」…大局的な見地から、市町村が目指すべき方向や目的を示すもの。概ね、基本構想の大きな柱に相当するもの。
「施策」…「政策」という上位目的を達成するための個々の方策。

資料3

> ある政策は複数の施策により構成され、その各施策が達成されることにより施策が達成されるという関係にある。
> 「事務事業」・・・施策目的を達成するための具体的な手段。

2 試行行政評価の流れ

① 体系図の作成 … 「廃棄物の処理」をテーマに体系図を作成します。

- ◎ この政策・施策・事務事業の体系図は、ある政策に対してどのような施策を用いて政策目的を達成するのか、またある施策目標を実現するためにはどのような事務事業が準備されているのか、政策・施策・事務事業を目的と手段の関係において体系化するものです。
- ◎ 現在行われている事務事業をすべて書きだし、これを施策目的にあわせて振り分けます。そして、施策体系を政策に結びつけていきます。最後に体系図全体を見渡して、目的と手段が政策のもとに効果的に配置されているかを確認します。

② 評価表の作成 … 作成した体系図をもとに評価表を作成します。

- ◎ 今回の試行は3種類の評価表による評価です。
  「政策―施策評価表」は、主に政策目的自体に問題がないか、政策目的に対して施策が有効であるかをチェックします。
  「施策―事務事業評価表」は、主に施策目的自体に問題がないか、施策目的に対して事務事業が効果があるのか、事務事業の選択が妥当であるかどうかをチェックします。
  「事務事業評価表」は主に事務事業の効率性を高め、行政サービスの質を高めるための評価とそれぞれを位置づけています。
- ◎ 指標及び目標値の設定については、目的に対してどの程度成果があったのかという観点から、指標はできる限り成果（アウトカム）を端的に明示するもので、かつ、数値化できるものを設定します。
- ◎ 多角的な視点からの評価を行うため、「政策―施策評価表」、「施策－事務事業評価表」及び「事務事業評価表」の評価表はそれぞれ異なった方が作成します。そして、作成されたそれぞれの評価表を持ち寄り、評価について議論、またはフィードバックします。ここで目的と手段の関係を再検討し、場合によっては体系図を見直します。

③ 作成する過程での問題点等 … 今回の試行において、体系図・評価表を作成する過程での問題点、改善案等をお聞きしました。

資料3

2 体系図・評価表の記載例

自治市（仮想都市）における体系図（抄）

廃棄物による環境負荷の軽減
- 1 排出される廃棄物の減
  - （1） 譲り合いシステムの支援
  - （2） 家庭たい肥化の支援
  - （3） ゴミ袋の有料化
- 2 廃棄物の資源化促進
  - （1） 民間回収・資源化システム支援
  - （2） 資源ゴミ分別排出の徹底
  - （3） 資源ゴミの収集
  - （4） 資源ゴミ資源化
- 3 可燃ゴミの処理・活用
  - （1） 可燃ゴミの分別排出の徹底
  - （2） 可燃ゴミの収集
  - （3） 可燃ゴミの焼却
  - （4） 可燃ゴミ焼却熱発電
  - （5） 可燃ゴミの残灰埋立
- 4 不燃ゴミの適正処理
  - （1） 不燃ゴミの分別排出の徹底
  - （2） 不燃ゴミの収集
  - （3） 不燃ゴミの処理
- 5 粗大ゴミの処理・活用
  - （1） 粗大ゴミの収集
  - （2） 粗大ゴミの再生利用
- 6 有害ゴミの適正処理
  - （1） 有害ゴミの分別排出の徹底
  - （2） 有害ゴミの収集
  - （3） 有害ゴミの処理
- 7 ゴミ処理施設の維持・管理
  - （1） 第1清掃工場
  - （2） 第2清掃工場
  - （3） リサイクルセンター
- 8 ゴミ排出ルール教育
  - （1） 分別排出普及啓発
  - （2） 優良団体表彰
- 9 不法投棄の減
  - （1） パトロール
  - （2） 不法投棄物の処理

資料3

政策－施策評価表

市町村名　自　治　市

政　　策	廃棄物による環境負荷の軽減
政策目的	住民が健康で快適な生活を営むことのできる環境を維持し、次の世代に良好な生活環境を受け継ぐため、 ① 廃棄物を可能な限り抑制する。 ② 日常生活や生産活動を通じて不可避的に排出される廃棄物を適切に処分する ことにより、環境負荷の軽減を図る。
指標及び目標値	最終処分量の減 平成15年度までに年間処分量を●トン以下まで引き上げる。 （この場合、資源化率やゴミ排出量なども考えられます。）

目標達成状況等

		平成10年度	平成11年度	平成12年度	平成13年度	平成15年度
目標	最終処分量	－	○ トン	○ トン	○ トン	● トン
実績	最終処分量	○ トン				
	予算投入額 担当職員数 執務時間数	○ 千円 ○ 人 ○ 時間				

政策目的達成のための施策

廃棄物による環境負荷の軽減
1　排出される廃棄物の減
2　廃棄物の資源化促進
3　可燃ゴミの処理・活用
4　不燃ゴミの適正処理
5　粗大ゴミの処理・活用
6　有害ゴミの適正処理
7　ゴミ処理施設の維持・管理
8　ゴミ排出ルール教育
9　不法投棄の減
　　　：

住民等との役割分担

住　　民	分別排出、排出の抑制、廃棄物の適法排出、自家処理
都道府県	産業廃棄物の処理及び再生利用
国	ゴミ処理施設整備等の財政支援、法律による規制、基準の設定
その他	許可業者による廃棄物の処理及び再生利用 企業における再生利用可能商品の開発、容器包装廃棄物の再商品化

施策実施の結果の評価

記載者は、「施策―事務事業評価表」記載者よりも更に大局的に政策や施策を評価できる（又は評価しなければならない）部長が適任であろうと思われます。
政策は、大局的な見地から市町村が目指すべき方向や目的を示すものです。
政策名は、行政分野の名称ではなく、政策目的を端的に表す名称としてください。

指標は、複数でも結構ですが、必ず成果（いわゆるアウトカム）を端的に明示するもので、かつ、数値化できるものを設定してください。目標値と目標達成年次を必ず記載してください。

平成10年度欄の実績は把握していればお書きください。
予算投入額、担当職員数及び勤務時間数、体系で下位に位置づけられた施策に係る「施策―事務事業評価」の合計数を記入します。
施策や事務事業には複数の政策に位置づけられるものもあるかも知れません。その場合には再掲することとなります。

基本構想や予算区分などから離れて、白紙の状態から記載してみましょう。

住民等との役割分担は、政策目的を達成するには市町村のみでは不可能であることを踏まえ、それぞれの主体が何を行い、今後何をすべきであるかを検討していただくためのものです。

この欄は、政策目的が適切か否か、また施策が政策目的に即しているかについて記載していただくものです。

資料3

施策－事務事業評価表

市町村名　自　治　市

施　策	3　可燃ゴミの処理・活用
施策目的	可燃ゴミを環境に配慮しつつ焼却し、最終処分量を減らす。 また、資源を有効に活用するため、焼却熱を利用して発電を行う。
指標及び目標値	排ガス中に含まれるダイオキシン類濃度 　　平成15年度までに年平均●ナノグラム/m³以下とする。 発電量 　　平成15年度までに年間発電量を●キロワット確保する。

目標達成状況等

		平成 10 年度	平成 11 年度	平成 12 年度	平成 13 年度	平成 15 年度
目標	ダイオキシン濃度 発電量	－ －	○ ng/m³ ○ kw	○ ng/m³ ○ kw	○ ng/m³ ○ kw	● ng/m³ ● kw
実績	ダイオキシン濃度 発電量	○ ng/m³ ○ kw				
	予算投入額 担当職員数 執務時間数	○ 千円 ○ 人 ○ 時間				

施策目的達成のための事務事業

3　可燃ゴミの処理・活用
　(1)　可燃ゴミの分別排出の徹底
　(2)　可燃ゴミの収集
　(3)　可燃ゴミの焼却
　(4)　可燃ゴミ焼却熱発電
　(5)　可燃ゴミの残灰埋立

住民等との役割分担

住　民	分別排出、収集所の清掃、自家処理
都道府県	大気汚染の監視
国	焼却熱利用発電施設の財政援助、ダイオキシン排出基準の策定
その他	許可業者による分別収集

事務事業実施の結果の評価

記載者は、大局的に施策や事務事業を評価できる（又は評価しなければならない）議長が適任であろうと思われます。
施策は、政策という上位目的を達成するための個々の方策です。
施策名は、行政分野の名称ではなく、施策目的を端的に表す名称としてください。

指標は、複数でも結構ですが、できる限り成果（いわゆるアウトカム）を端的に明示するもので、かつ、数値化できるものを設定してください。

目標値と目標達成年次を必ず記載してください。
平成10年度欄の実績は把握していればお書きください。
予算投入額、担当職員数及び勤務時間数、体系で下位に位置づけられた事務事業に係る「事務事業評価表」の合計数を記入します。
施策や事務事業には複数の政策に位置づけられるものもあるかも知れません。その場合には再掲することとなります。

基本構想や予算区分などから離れて、白紙の状態から記載してみましょう。
予算事業以外の事務事業についてもお書きください。なお、予算事業においては別個の事業でも実際は同一の事業である場合には、予算事業名にとらわれずに、１つの事務事業としてお書きください。

住民等との役割分担は、施策目標を達成するには市町村のみでは不可能であることを踏まえ、それぞれの主体が何を行い、今後何をすべきかであるかを検討していただくためのものです。

この欄は、施策目的が適切か否か、また事務事業は施策目的に即しているかについて記載していただくものです。
事務事業の新設や廃止についての検討は「事務事業評価」で行うのではなく、この「施策―事務事業評価」で行う方がよいと思います。

資料3

事務事業評価表

市町村名　自　治　市

事務事業	3（2）　可燃ゴミの収集
事務事業目的	可燃ゴミを焼却するため、効率的にゴミを収集する。
事務事業内容	住民からゴミ中継所、公共施設ゴミ容器に排出された可燃ゴミを指定した日及び時間に収集し、中間処理場へ運搬する。。
実施主体	直営及び委託の併用にて実施
指標及び目標値	可燃ゴミ収集予定数量1トン当たりの可燃ゴミ収集コスト 平成15年度までに収集コストを●円以下にする。
活動量	年間の可燃ゴミ収集量 年間の可燃ゴミ収集日数

目標達成状況等

			平成10年度	平成11年度	平成12年度	平成12年度	平成15年度
目標		収集コスト	－	○　円	○　円	○　円	●　円
実績		収集コスト	○　円				
		収集量 収集日数	○　トン ○　日				
		予算投入額 担当職員数 執務時間数	○　千円 ○　人 ○　時間				
		収集作業員数 収集車	○　人 ○　台				

見直し実績	平成9年度に廃棄物収集所10カ所を移動し、収集時間の短縮化を図った。 平成10年度に収集車の大型化により、収集作業員を●名の削減を図った。

事務事業評価

目的	効率的に収集するためには、民間委託又は許可業者の活用について検討する必要がある。その際には収集量に応じた歩合制についても検討する。
活動量	収集する日数を減らすこと（週4日を週3日にすること）が、住民の可燃ゴミ排出抑制引いては最終処分量の減につながるか検討が必要がある。
投入量	収集所等の排出量は年末年始や週明けなど時期によって異なることから、臨機応変な収集協力体制を整備する必要がある。

記載者は、事務事業を熟知している（又は熟知していなければならない）係長若しくは担当者が適任であろうと思われます。
事務事業は、施策目的を達成するための具体的な手段です。
今回の試行に当たっては、「可燃ゴミの収集」について、この「事務事業評価」を記載してください。
「可燃」と異なる用語を使用されている市町村にあっては、実際に使用されている用語をお使いください。

直営、委託の他に許可業者も考えられます。

指標は、複数でも結構ですが、目的を端的に明示するもので、かつ、数値化できるものを設定してください。
目標値と目標達成年次を必ず記載してください。

活動量とは、予算や人などの投入コストを使って行ったものです。

平成10年度欄の実績は把握していればお書きください。
予算投入額は、決算ベースの金額を記載します。
担当職員数は、当該事務事業を担当している職員数（管理職は除きます。）を記載します。1人が2つの事務事業を担当している場合にはそれぞれ1人とします。
勤務時間数は、上記担当職員全員の総勤務時間（できるだけ超過勤務時間も含めてください。）を記載します。
この記載例では、比較をすることが必要であると思われる「収集作業員」と「収集車」を加えています（必ず入れなければならないものではありません。）。

事務事業の見直し状況を参考にしながら、新たな見直し方策を検討しようというものです。
この場合、どのような意図で見直しを行ったか掲げることが必要です。

この欄は、目的、活動量、投入量のそれぞれの観点から、どこに問題があるか、改善の余地があるかを検討するためのものです。
目的、活動量、投入量とそれぞれ区分して記載することは難しいかもしれませんが、とりあえず記載してみてください。
上位目的との関連性についても記載してください。

参考文献

- 大住荘四郎『ニュー・パブリック・マネジメント』日本評論社、1999年。
- 日本格付投資情報センター編『地方債格付け』日本経済新聞社、1999年。
- 天明茂・米田正巳『自治体のバランスシート』ぎょうせい、1999年。
- 和田八束・野呂昭朗・星野泉・青木宗明『現代の地方財政』（新版）有斐閣、1999年。
- 太田昭和監査法人公会計本部編『公会計における貸借対照表の作り方』大蔵財務協会、1999年.
- 新世紀自治研究会編『行政評価のツボ』ぎょうせい、2000年。
- 高寄昇三『自治体の行政評価システム』学陽書房、2000年。
- 中島正郎編著『予算の見方・つくり方』学陽書房、2000年。
- 決算実務研究会編著『決算の見方・つくり方』学陽書房、2000年。
- 朝日監査法人パブリックセクター部編著『自治体バランスシートの作り方・読み方』ぎょうせい、2000年。
- 片桐昭泰・兼村高文・星野泉編著『地方財政論』税務経理協会、2000年。

索引一覧

あ

アカウンタビリティ　49, 106

い

依存財源　36, 40, 73
一時借入金　39, 76
一般会計　33, 35, 54, 59, 60, 63, 67
一般歳出　33
一般財源　71, 73, 75, 80

え

エージェンシー　20

か

外形標準課税　24
環境税　26

き

基準財政収入源　72
基準財政需要額　30, 72
義務的経費　36, 74, 81, 87

強制競争入札　20
行政評価　22, 62, 103

く

繰越明許費　38, 54, 64, 71

け

形式収支　70, 71
経常的経費　72, 74
継続費　38, 54, 64, 71
決算概況　68, 70
決算状況　68, 78, 80, 87
決算統計　66, 68, 70, 78
現金主義　49, 53, 62, 63, 70

こ

公営企業会計　15, 34, 35, 36, 59, 63, 116
公債費比率　68, 75
公債費負担比率　75, 80

さ

財産に関する調書　54, 55, 56,

58, 63
財政力指数　68, 71, 76, 80
歳入歳出決算書　54, 55, 56, 59, 63
歳入歳出事項明細書　56, 57
歳入歳出予算　38, 41, 43, 55
債務負担行為　38, 54, 64
サンセット方式　47
暫定予算　35, 36, 44

し

資源会計(Resource Accounting)　49
資源予算　49, 50
自主財源　73
市町村合併　28
市町村合併特例法　29
市町村合併促進法　28
市町村類似団体指数表　87
実質収支　28, 54, 55, 56, 68, 70, 71, 78
実質収支に関する調書　54, 55, 58, 60
自治体総合格付け　119, 121
資本チャージ　49, 50
市民憲章　21
消費的経費　74, 81

す

出納整理期間　53

せ

税源委譲　16, 23
政令指定都市　39, 124
ゼロベース予算　47

そ

増分主義　47, 105

た

単年度収支　68

ち

地方交付税　11, 16, 17, 30, 35, 36, 40, 64, 70, 73, 76, 116
地方交付税交付金　33, 59
地方債　34, 35, 39, 59, 64, 70, 73, 77, 116
地方債許可制限比率　75, 80
地方財政状況調査表　66, 69
地方譲与税　73, 76
地方税　23, 30, 59, 72, 73, 76, 93

地方分権一括法　12, 23, 29
地方分権推進法　23
超過不均一課税　139

つ

通常予算　35, 36, 54

と

投資的経費　30, 74, 81
特定財源　73
特別会計　33, 35, 59, 64, 66, 76, 78

に

ニュー・パブリック・マネジメント（NPM）　21, 22, 104

は

発生主義会計　62, 96
バランスシート　62, 90, 102

ひ

標準財政規模　68, 71, 75
PPBS　47

ふ

附属明細書　54, 63
普通会計　15, 34, 67, 68, 99
プライベート・ファイナンス・イニシアティブ（PFI）　21

ほ

法定外目的税　24
補正予算　33, 36, 64

ま

マネジメント・サイクル　22, 107

み

民営化　18

る

類似団体　78, 87, 120

ヴ

ヴァリュー・フォー・マネー　103

著者紹介

兼村　高文　（明海大学経済学部教授）
　略歴　専修大学大学院博士課程後期修了、（財）日本システム研究所、明海大学助教授を経て現職
　　　　日本大学経済学部講師、東京地方自治財政研究委員、千葉県浦安市行財政改革委員長など歴任
　著書　「現代の地方財政」「自治体財政の公会計システムについて」他

星野　泉　（明治大学政治経済学部助教授）
　略歴　立教大学大学院博士課程修了、明星大学人文学部助教授を経て現職
　　　　筑波大学大学院、専修大学大学院、立教大学、中央大学兼任講師、東京都市町村職員研修所、東京都特別区職員研修所など講師、都内自治体の検討委員会、審議会委員を歴任。
　著書　「現代の地方財政新版」「世界の財政再建」他

自治体財政はやわかり
—予算・決算、バランスシートから行政評価の作成まで—

発行日	2001年6月15日
著　者	兼村高文・星野　泉
編　集	イマジン自治情報センター
発行人	片岡幸三
印刷所	株式会社　シナノ

発行所　イマジン出版株式会社

〒112-0013　東京都文京区音羽1-5-8
TEL 03-3942-2520　FAX 03-3942-2623

ISBN4-87299-260-1　C2031　¥2500E

落丁・乱丁は小社にてお取り替えします